MICHAELIS

DICIONÁRIO DE
GÍRIAS

inglês – português

MARK G. NASH
Mestre em Teoria da Comunicação pela
McGill University, Montreal, Canadá

WILLIANS R. FERREIRA
Mestre em Linguística Aplicada e Estudos da
Linguagem pelo LAEL/PUC-SP

MICHAELIS

DICIONÁRIO DE
GÍRIAS

inglês – português

NOVA ORTOGRAFIA conforme o
Acordo Ortográfico da LÍNGUA PORTUGUESA

Editora Melhoramentos Ltda.

Nash, Mark G.
  MICHAELIS: dicionário de gírias: inglês-português / Mark G.
Nash, Willians Ramos Ferreira. – São Paulo : Editora Melhoramentos,
2010. – (Dicionários Michaelis)

ISBN: 978-85-06-06467-2

1. Inglês – Dicionários – Português 2. Inglês – Expressões idiomáticas – Gírias I. Ferreira, Willians Ramos. II. Título. III. Série.

CDD-423.1

Índices para catálogo sistemático:
1. Gírias : Dicionários : Inglês-Português   423.1
2. Expressões idiomáticas : Dicionários : Inglês-Português   423.1

Obra conforme o Acordo Ortográfico da Língua Portuguesa

© 2008 Mark G. Nash e Willians Ramos Ferreira
© 2008, 2010 Editora Melhoramentos Ltda.
Todos os direitos reservados.

Design original da capa: Jean E. Udry
Diagramação: WAP Studio

3.ª edição, agosto de 2016
ISBN: 978-85-06-06467-2
        978-85-06-07863-1

Atendimento ao consumidor:
Caixa Postal 11541 – CEP 05049-970
São Paulo – SP – Brasil
Tel.: (11) 3874-0880
sac@melhoramentos.com.br
www.editoramelhoramentos.com.br

Impresso no Brasil

SUMÁRIO

Introdução
    A quem se destina este dicionário?...................................... VII
    O que são gírias?.. VII
    Como usar este dicionário IX
Introduction
    Who is this dictionary for? X
    What is slang? X
    How to use this dictionary XII
Verbetes de A a Z 1

Introdução

A quem se destina este dicionário?

O dicionário é destinado a estudantes brasileiros de inglês e àqueles que leem ou usam inglês no trabalho ou lazer. Alunos e professores se beneficiarão especialmente desta obra quando estiverem em contato com textos autênticos em inglês, como letras de música, páginas da internet, roteiros de filmes e programas de TV, assim como diálogos falados. Este dicionário foi elaborado com a intenção de auxiliar as pessoas que precisam de definições claras sobre gírias contemporâneas que encontram ao ler textos ou ouvir falantes do inglês.

O que são gírias?

As gírias fazem parte do conteúdo idiomático de uma língua, porém elas têm algumas características especiais.

Em primeiro lugar, podemos notar que as gírias são usadas para excluir pessoas que não fazem parte de um grupo social ou comunidade. São frequentemente associadas à juventude, mas não é necessariamente sempre assim. Todo grupo social tende a desenvolver um linguajar próprio – termos usados para falar sobre o mundo que somente os membros desse grupo conhecem. Os adolescentes são famosos por isso, assim como peritos em computadores, internautas, músicos, criminosos, usuários de drogas e muitos outros grupos sociais. Um exemplo interessante desse fenômeno são as gírias baseadas em rimas chamadas *Cockney rhyming slangs*, que se desenvolveram em Londres entre a classe trabalhadora Cockney e, segundo a história, foram criadas para confundir a polícia e as pessoas que não eram do local. Na gíria Cockney, coisas comuns do dia a dia são substituídas por palavras que rimam: *apples and pears* (maçãs e peras) é o termo usado para se referir a *stairs* (escada), por exemplo, ou *loaf of bread* (pão) para se referir a *head* (cabeça). As gírias são sempre locais e somente conhecidas pelas pessoas de uma pequena região.

Uma segunda característica é que as gírias são altamente informais, irreverentes e muitas vezes vulgares. Seu maior impacto está na capacidade de chocar e ofender. Isso, inevitavelmente, diferencia as gírias da fala comum do dia a dia. Alguns termos, no entanto, são adotados pela comunidade linguística mais ampla e se tornam parte da fala cotidiana. Palavras como *chick* (gata), para se referir a uma mulher ou garota, ou ainda *moolah* (grana), para se referir a dinheiro, têm se tornado, hoje, comuns na língua inglesa, mesmo que não sejam usadas por todos os seus falantes.

Uma outra característica das gírias, por sinal comum a todo idiomatismo, é o fato de que elas são muitas vezes criativas e engraçadas. Por exemplo, aquela dobra de gordura em excesso ao redor da cintura é chamada *love handles*, algo como "pneuzinhos do amor" ou "pneuzinhos sexy", em português, ou, ainda, o caso de diarreia que as pessoas ocasionalmente contraem ao viajar para o México, que recebe o nome *Montezuma's revenge*, ou seja, "a vingança de Montezuma".

Finalmente, as gírias fazem parte do discurso cotidiano e tendem a dar à fala um caráter mais informal e divertido.

Neste dicionário, nós procuramos incluir as gírias mais frequentemente encontradas no inglês americano, britânico, canadense e australiano, sem enfatizar os termos obscuros ou momentâneos. Para encontrar unidades maiores e expressões idiomáticas, consulte o **Michaelis Dicionário de Expressões Idiomáticas** (2008). Além disso, nós incluímos apenas os *phrasal verbs* informais mais comuns. Para obter uma referência mais completa de *phrasal verbs*, consulte o **Michaelis Dicionário de Phrasal Verbs** (2003).

Como usar este dicionário

Nós tentamos manter a organização do dicionário a mais simples e fácil de usar possível. Você encontrará as palavras e expressões de gírias organizadas por ordem alfabética. A forma mais longa da expressão de gíria representa, normalmente, a forma original de onde surgiram as suas variações. Nós fornecemos as grafias alternativas separadas por barras, quando necessário. Quando as grafias alternativas de uma entrada são muito diferentes, incluímos um V, indicando onde você encontrará a definição da entrada em questão. Quando as alternativas variam regionalmente, ou no registro, incluímos as abreviaturas necessárias para cada caso. Informações essenciais, tais como classe gramatical, variação linguística e notas de uso, estão incluídas. Para cada gíria há uma clara definição em português e, quando possível, uma gíria equivalente em português brasileiro. Nós incluímos um exemplo de uso de cada termo em inglês, seguido da tradução em português. Os exemplos refletem o tom informal da linguagem dos falantes nativos do inglês. As informações essenciais sobre as gírias são registradas em forma abreviada:

s	substantivo	*interj*	interjeição
v	verbo	*vulg*	vulgar
adj	adjetivo	*pej*	pejorativo
adv	advérbio	*Amer*	inglês americano
pron	pronome	*Brit*	inglês britânico
conj	conjunção	*Can*	inglês canadense
suf	sufixo	*Austr*	inglês australiano

As gírias registradas como vulgares (*vulg*) ou pejorativas (*pej*) devem ser usadas com cautela. Essas são palavras que podem ofender as pessoas e, portanto, é preciso empregá-las com bom senso. Nós as incluímos neste dicionário porque fazem parte da língua inglesa e não podem ser ignoradas.

Introduction

Who is this dictionary for?

The dictionary is for Brazilian students of English and for those who read or use English in the course of their work or for pleasure. Students and teachers will find this dictionary especially useful when they work with authentic English texts, such as song lyrics, internet pages, television and film screenplays, and spoken dialogues. This dictionary is intended to help people who need clear definitions of the contemporary slang that they are likely to encounter reading English or listening to English speakers.

What is slang?

Slang is one of many different kinds of idioms, but it has a few special characteristics.

First, we can note that slang is used to exclude outsiders. It is often associated with youth, but it isn't always the case. All social groups tend to develop an "insider language" – terms to talk about the world that only inside members know. Teenagers are famous for doing this, but so are computer nerds, internet users, musicians, criminals, drug users and many other social groups. An interesting example of this phenomenon is Cockney rhyming slang, which developed in London among the Cockney working class and, as the story goes, was developed to confuse non-locals and the police. In Cockney rhyming slang commonplace things are referred to with a rhyming word: "apples and pears" for "stairs", for example, or "loaf of bread" for "head". Slang is often local and only known to people within a small region.

A second characteristic is that slang is highly unconventional, irreverent and often vulgar. Much of the power of slang comes from its ability to shock and offend. This inevitably helps to keep slang from becoming part of the mainstream language. Some slang, however, is adopted by the larger linguistic community and becomes part of common speech. Words like "chick" for a girl or "moolah" for money have become, today, part of the English language, even if they're not used by all English speakers.

Another characteristic of slang, and all idioms for that matter, is that it is often very creative or humorous. Calling a little roll of excess fat around the waist "love handles" or a case of diarrhea on a Mexican holiday "Montezuma's revenge" are just some examples of this. Finally, slang is part of everyday discourse and tends to give our speech a more colorful, informal character.

In this dictionary, we have attempted to include the more frequent slang found in American, British, Canadian and Australian English, without emphasizing the obscure or passing slang of the moment. For longer chunks of language and idiomatic expressions, consult the **Michaelis Dicionário de Expressões Idiomáticas** (2008). Furthermore, we have only included the most informal phrasal verbs. For a complete study of phrasal verbs, consult the **Michaelis Dicionário de Phrasal Verbs** (2003).

How to use this dictionary

We have tried to keep the organization of the dictionary as simple and user-friendly as possible. You will find the slang words and expressions organized in alphabetical order. We include the long form of the slang and any possible variations. We provide alternative spellings separated with slashes where applicable. In cases where the alternative spellings are very different we have included the variations under new headings with a *V* indicating where the definition can be found. Essential information, such as part of speech, linguistic variation and usage are noted. For each slang, there is a clear definition in Portuguese, and whenever possible, the equivalent slang in Brazilian Portuguese. We include an example of the use of each slang in English, followed by a Portuguese translation. The examples reflect the informal tone of spoken language of native speakers of English. Essential information about the slang is registered in abbreviated form:

s	*noun*	*interj*	*interjection*
v	*verb*	*vulg*	*vulgar*
adj	*adjective*	*pej*	*pejorative*
adv	*adverb*	*Amer*	*American English*
pron	*pronoun*	*Brit*	*British English*
conj	*conjunction*	*Can*	*Canadian English*
suf	*suffix*	*Austr*	*Australian English*

The slang marked vulgar (*vulg*) or pejorative (*pej*) should be used with caution. These are words that may offend someone and, therefore, should be used with good judgment. We have included them in this dictionary because they are a part of the English language that cannot be ignored.

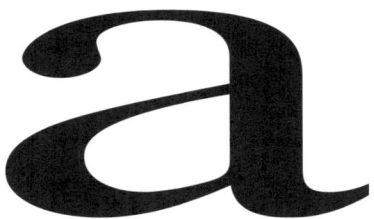

A-1 *adj* excelente, ótimo, da hora, incrível, animal. *The service is A-1 at this place.* / O serviço é excelente neste lugar.

AC/DC *adj* bissexual, bi. *I think he's AC/DC, but I'm not sure.* / Eu acho que ele é bissexual, mas não tenho certeza.

ace *s* pessoa habilidosa, craque, gênio. *George is a an ace at soccer.* / O George é um craque no futebol. • *v* **1** vencer, derrotar, detonar, golear. *We aced the visiting team in basketball.* / Nós detonamos o time visitante no basquete. **2** sair-se muito bem (prova, exame, entrevista etc.). *She aced the exam.* / Ela se saiu muito bem na prova.

acid *s* LSD (droga). *He did a lot of acid in the 60's.* / Ele usou muito LSD na década de 1960.

acid house party *s* festa *rave*. *The police are after the acid house party organizers.* / A polícia está atrás dos organizadores da festa *rave*.

Adam / **Adam and Eve** (rima com *believe*) *v Brit* acreditar, crer. *I don't Adam and Eve half of what he says.* / Eu não acredito na metade do que ele diz.

aggro (derivação de *aggravation*) *s* problema, encrenca. *Peter was drunk and well up for some aggro.* / O Peter estava bêbado e procurando encrenca.

air biscuit *s Brit vulg* peido. *Who floated an air biscuit?* / Quem foi que peidou?

airbrain *s* idiota, imbecil, babaca, tonto. *Some airbrain took my keys by mistake!* / Um idiota levou as minhas chaves por engano!

air guitar *s* guitarra imaginária que as pessoas imitam tocar ao ouvir uma música. *Ron was jumping around playing air guitar.* / O Ron estava pulando por todo lado, imitando um guitarrista.

airhead *s* idiota, imbecil, babaca, tonto. *Don't be such an airhead!* / Não seja tonto!

A.K. (acrônimo de *ass kisser*) *s vulg* puxa-saco. *She's such an A.K.!* / Ela é uma puxa-saco!

AKA / A.K.A. (acrônimo de *also known as*) *s* pseudônimo, apelido, codinome. *He signs his e-mails with an AKA.* / Ele assina os e-mails com um pseudônimo.

alchie / alchy *V alkie.*

alcopop *s Brit* refrigerante alcoólico (à base de frutas, geralmente consumido por mulheres). *Her fridge is always filled with alcopop.* / A geladeira dela está sempre repleta de refrigerantes alcoólicos.

A-list *s* grupo de pessoas mais populares e descoladas da escola, trabalho etc.; galera do agito. *Brad was never on the A-list at school.* / O Brad nunca fazia parte da galera do agito na escola.

alkie / alky (derivação de *alcoholic*) *s* alcoólatra, bêbado, bebum, pé de cana. *Not even the alkies drink that cheap wine.* / Nem os bebuns tomam essa porcaria de vinho.

alright / all right *adj* legal, bom, bacana. *I'm all right.* / Eu estou legal. *This is an all right band.* / Esta é uma banda legal. • *adv* certamente, com certeza, sem dúvida. *Martin was there, all right.* / O Martin estava lá, com certeza. • *interj* **1** *Brit* como vai, e aí, fala aí, beleza. *'All right, mate?' 'All right!'.* / 'E aí, mano?' 'Beleza!'. **2** tudo bem. *All right. I'll go with you.* / Tudo bem. Eu vou com você.

amber nectar *s Austr* cerveja. *Let's go out for a little amber nectar!* / Vamos sair para tomar uma cerveja!

amigo *s Amer* (do espanhol) amigo, camarada, mano. *I had a beer with a few amigos after work.* / Eu tomei umas cervejas com alguns amigos depois do trabalho.

ammo (derivação de *ammunition*) *s* munição, bala (arma). *The police captured the guy when he ran out of ammo.* / A polícia capturou o cara quando ele ficou sem munição.

anal / anal retentive *adj vulg* pessoa exageradamente detalhista, perfeccionista ao extremo; cricri, crica, cu. *We'll worry about the details later. Don't be so anal!* / Nós vamos cuidar dos detalhes depois. Não seja tão cricri!

ankle-biter *s* criança, pirralho. *The park was full of ankle-biters.* / O parque estava cheio de crianças.

anorak *s Brit* idiota, imbecil, babaca, tonto. *Who's the anorak who broke the window?* / Quem foi o idiota que quebrou a janela?

antifreeze *s* birita, bebida alcoólica. *How about an antifreeze before dinner?* / Que tal uma bebida antes do jantar?

antsy *adj* agitado, inquieto. *The kids get antsy on these long car trips.* / As crianças ficam agitadas nessas longas viagens de carro.

apeshit *adj vulg* louco, furioso, puto da vida. *The boss went apeshit when he found out.* / O chefe ficou puto da vida quando descobriu.

apples / apples and pears (rima com *stairs*) *s Brit* escada, escadaria. *Let's take the apples and pears. It's quicker.* / Vamos pela escada. É mais rápido.

argy-bargy *s* discussão acirrada, bate-boca. *They were in the middle of an argy-bargy when I arrived.* / Eles estavam no meio de um bate-boca quando eu cheguei.

armpit *s* lugar feio e sem graça. *My hometown is an armpit.* / Minha cidade natal é um lugar feio e sem graça.

arse *V ass*.

arse kisser *s Brit vulg* puxa-saco, lambe-cu. *He brings the boss a coffee every day. What an arse kisser!* / Ele traz café para o chefe todos os dias. Que puxa-saco!

arse licker *s Brit vulg V arse kisser.*

arse load *s Brit vulg* muito, muitos, uma porrada. *I've got arse loads of work to finish by Friday.* / Eu tenho uma porrada de serviço para terminar até sexta-feira.

arse-about-face / arse about face *adj Brit vulg* errado, do jeito errado ou contrário. *I didn't say that. You've got it all arse about face!* / Eu não disse isso. Você entendeu tudo errado!

arsehole *s Brit vulg* pessoa desprezível, canalha, safado, filho da puta. *The arsehole refuses to pay me back the money he owes me.* / O filho da puta se recusa a me pagar a grana que ele me deve.

arseholed *adj Brit vulg* bêbado, chapado, trincado. *I'm too arseholed to drive.* / Eu estou bêbado demais para dirigir.

artsy-fartsy / arty-farty *adj vulg* artisticamente pretensioso, metido. *I hate those artsy-fartsy types that hang around the art gallery.* / Eu odeio esses tipos artisticamente pretensiosos que frequentam a galeria de arte.

arvo (derivação de *afternoon*) *s Austr* tarde. *Any plans for this arvo?* / Algum plano para esta tarde?

ass *s vulg* **1** nádegas, bunda, traseiro, rabo. *He fell on his ass.* / Ele caiu de bunda. **2** idiota, imbecil, babaca, tonto. *Don't be such an ass!* / Não seja idiota! **3** sexo. *Are you getting any ass these days?* / Você tem feito sexo ultimamente? **4** *pej* mulher, garota, mina. *There will be some nice ass at the party tonight.* / Vai ter umas garotas gostosas na festa hoje à noite.

ass-backwards / ass backward / ass backwards *adj vulg* errado, atrapalhado, confuso. *Your plan is just too ass backwards to work.* / O seu plano é confuso demais para dar certo.

asshole *s Amer vulg* pessoa desprezível, canalha, safado, filho da puta. *What is that asshole*

ass kisser

doing with my cell phone? / O que aquele filho da puta está fazendo com o meu celular?

ass kisser *s Amer vulg V arse kisser.*

ass licker *s Amer vulg V arse kisser.*

ass peddler *s vulg* prostituta ou cafetão. *The police picked up the ass peddler for questioning.* / A polícia prendeu o cafetão para fazer um interrogatório.

asswipe *s Amer vulg* **1** idiota, imbecil, babaca, tonto. *Are you friends with that asswipe?* / Você tem amizade com esse babaca? **2** papel higiênico. *We're out of asswipe in the bathroom!* / Nós estamos sem papel higiênico no banheiro!

audi / audie 5.0 *v* sair, ir embora, cair fora, vazar. *This party is weak. I'm audi.* / Esta festa está fraca. Eu vou cair fora.

Aussie (derivação de *Australian*) *s* autraliano (pessoa). *Dave's an Aussie.* / O Dave é um australiano. • *adj* australiano. *'Midnight Oil' is an Aussie band.* / 'Midnight Oil' é uma banda australiana.

avvy (derivação de *afternoon*) *s Brit* tarde. *Fancy going for a walk this avvy?* / Você está a fim de fazer uma caminhada hoje à tarde?

awesome *adj* ótimo, excelente, da hora, animal. *The party was awesome!* / A festa foi animal!

ax / axe *s* guitarra. *He plays axe on the second track on the CD.* / Ele toca guitarra na segunda faixa do CD.

Ayrton / Ayrton Senna *s Brit* nota de 10 libras. *Can you lend me an Ayrton till Monday?* / Você pode me emprestar 10 libras até segunda-feira?

babe *s* mulher bonita, garota, gata, avião. *Who's that babe?* / Quem é aquela gata?

baby boomer *s* termo usado para descrever uma pessoa que nasceu na América do Norte, no próspero período entre o final da Segunda Guerra Mundial e os anos 1960. O termo é conhecido no Brasil como *baby boomer*. *Seems like all the baby boomers drive a BMW today.* / Parece que todos os *baby boomers* dirigem um BMW hoje.

baccy *s Amer* tabaco, fumo (vendido solto para fazer cigarros à mão). *Got any rolling baccy?* / Você tem fumo para fazer cigarro?

backhander *s* um golpe dado usando a parte de trás da mão aberta; tapa, tabefe. *Shut up or I'll give you a backhander!* / Cale a boca ou eu vou te dar um tabefe!

bad *adj Amer* palavra originalmente usada para descrever algo ruim, desagradável etc., mas que tem sido usada informalmente com um sentido totalmente oposto. Algo como: legal, da hora, irado. *He's bad, man! Really bad!* / Ele é irado, cara! Muito irado!

badass / bad-ass / bad assed *adj vulg* ótimo, excelente, da hora, animal, fodido. *He plays a bad-ass guitar.* / Ele toca uma guitarra fodida.

badmouth / bad-mouth *v* falar mal, meter o pau em alguém. *I know he bad-mouths me when I'm not around.* / Sei que ele mete o pau em mim quando eu não estou por perto.

bag *s* **1** área de conhecimento ou habilidade, especialidade, praia, forte. *Math has never been my bag.* / Matemática nunca foi a minha praia. **2** mulher feia, mocreia, baranga, tribufu, canhão, bruaca, jaburu. *Who's the old bag in the photo?* / Quem é a velha bruaca na foto? **3** escroto, saco. *Fix your bathing suit. Your bag is showing!* / Arrume a sua sunga. O seu saco está aparecendo! • *v* **1** obter, adquirir, conseguir, descolar. *Where did you bag that cool hat?* / Onde você descolou esse chapéu maneiro? 2 fazer sexo, transar. *Well, did you bag her?* / E aí, você transou com ela? 3 matar, cabular (aula), dar o cano (trabalho, compromisso etc.). *We decided to bag classes and go to the movies.* / A gente resolveu cabular aula e ir ao cinema. 4 levar almoço de casa, fazer marmita. *No lunch out for me today. I'm bagging it.* / Não vou sair para almoçar fora hoje. Eu trouxe marmita. 5 abandonar, desistir de algo. *We bagged the idea of getting a new car.* / Nós desistimos da ideia de comprar um carro novo.

bag lady *s Amer* mendiga, pedinte. *Christ, Nancy! You look like a bag lady in that outfit!* / Caramba, Nancy! Você parece uma mendiga nessas roupas!

bag of bones *s* pessoa muito magra, magricela, saco de ossos. *Is Martin still dating that bag of bones?* / O Martin ainda está namorando aquela magricela?

ball *s* diversão, curtição, barato. *The party was a ball!* / A festa foi o maior barato!

ball game *s Amer* 1 jogo de beisebol. *Let's catch the ball game on TV.* / Vamos assistir ao jogo de beisebol na TV. 2 situação, condição ou circunstância específica, outra história, outro papo. *I said I'd help you, but lying to the boss is a completely different ball game.* / Eu disse que te ajudaria, mas mentir para o chefe é outro papo.

ball-ache *s Brit vulg* tédio, porre, pé no saco. *Getting stuck in this traffic is a real ball-ache!* / Ficar preso nesse trânsito é um pé no saco!

balls *s vulg* 1 testículos, bolas, saco. *She kicked him in the balls.* / Ela deu um chute no saco dele. 2 coragem. *You haven't got the balls to do it!* / Você não tem coragem de fazer isso! • *interj* merda, que saco. *Balls! I've forgotten my wallet!* / Merda! Esqueci a minha carteira!

ballsy *adj vulg* corajoso, macho. *Jeff isn't that ballsy!* / O Jeff não é tão corajoso assim!

baloney *s* mentira, bobagem, besteira, papo-furado. *Don't give me that baloney!* / Não me venha com esse papo-furado!

Banana Republic *s pej* termo usado para descrever um país pobre e de economia instável que vive de exportação de apenas um produto (como bananas); república de bananas. *El Salvador is a Banana Republic.* / El Salvador é uma república de bananas.

bang on *adj Brit* certo, correto, exato, preciso. *Your answer to question number 5 was bang on.* / A sua resposta para a pergunta número 5 estava correta. • *adv* exatamente, bem, precisamente. *We arrived at the meeting bang on time.* / Nós chegamos à reunião bem na hora.

bang one out *v Brit vulg* masturbar(-se), bater punheta. *He must be banging one out in the bathroom.* / Ele deve estar batendo punheta no banheiro.

bang s efeito poderoso. *Go easy on that vodka. It has a bang.* / Pega leve com essa vodca. Ela tem um efeito poderoso. • *v vulg* fazer sexo, transar, comer alguém. *Did you bang her?* / Você transou com ela?

bang up *v* (geralmente na forma passiva) botar na cadeia, prender. *He was banged up for car theft.* / Ele foi preso por roubo de carro.

bangers s *Brit* linguiça. *Feel like bangers and mash for dinner?* / Você está a fim de comer linguiça e purê de batatas no jantar?

barbie (derivação de *barbecue*) s *Austr* churrasqueira ou churrasco. *Fancy a nice steak on the barbie?* / Que tal um belo bife na churrasqueira?

barf bag s saco distribuído no avião no qual o passageiro pode vomitar, caso passe mal durante o voo. *I think I need a barf bag!* / Acho que preciso de um saco para vomitar!

barf s vômito. *Don't step on the barf!* / Não pise no vômito! • *v* vomitar. *I think I'm going to barf!* / Acho que vou vomitar!

barmy *adj* louco, doido, maluco, pirado. *You quit your job? Have you gone barmy?* / Você pediu demissão? Ficou louco?

barney s discussão, briga. *They had a bit of a barney.* / Eles tiveram uma pequena discussão.

bastard s homem desprezível, canalha, safado, filho da puta. *My boss is a real bastard.* / O meu chefe é um verdadeiro filho da puta.

bazillion s grande quantidade, muito, milhares. *He must have a bazillion dollars in his account.* / Ele deve ter milhares de dólares na conta.

B-ball s basquete. *Let's play a little B-ball?* / Vamos jogar um pouco de basquete?

bean s cabeça, cuca. *Use your bean, Marvin!* / Use a cabeça, Marvin! • *v* atirar uma bola na cabeça de alguém. *He got beaned by a baseball.* / Jogaram uma bola de beisebol na cabeça dele.

bean counter s contador (geralmente usado para contador que só enxerga os números a custo de outros valores). *The company hired a bean counter to find ways to cut costs and now everyone is afraid of losing their job.* / A empresa contratou um contador para reduzir gastos, e agora todo mundo está com medo de perder o emprego.

beans s **1** dinheiro, grana. *I don't have enough beans to pay the rent this month.* / Eu não tenho grana suficiente para pagar o aluguel este mês. **2** nada, muito pouco, coisa alguma, porcaria nenhuma. *You don't know beans about music.* / Você não sabe porcaria nenhuma sobre música.

beast s mulher feia, mocreia, baranga, tribufu, canhão, jaburu. *Are you really going out with that beast?* / Você vai mesmo sair com aquela mocreia?

beat *adj* muito cansado, exausto, só o pó, podre. *I'm going to bed. I'm beat!* / Vou dormir. Estou só o pó!

beat off *v vulg* masturbar-se, bater punheta. *Tom, you need to get a girlfriend and stop beating off!* / Tom, você precisa arranjar uma namorada e parar de bater punheta.

beaver *s vulg* vagina, boceta, perereca, xoxota. *In one of the photos you can see her beaver.* / Em uma das fotos dá para ver a boceta dela.

beef *s* reclamação, queixa, bronca. *What's his beef?* / Qual é a queixa dele? *v* reclamar, queixar-se. *Why do you always have to beef about my cooking?* / Por que você sempre tem que reclamar da minha comida?

beer belly / beer gut *s* barriga grande de quem bebe muita cerveja; barriga de chope. *Check out the beer gut on that guy!* / Olha a barriga de chope daquele cara!

beer o'clock *s Brit* horário de tomar cerveja. *When's beer o'clock around here?* / A que horas a turma toma cerveja por aqui?

beer tickets *s* dinheiro, grana. *I don't have the beer tickets to buy a new car.* / Eu não tenho grana para comprar um carro novo.

bell *s Brit* telefonema, ligação. *I'll give you a bell tomorrow.* / Eu vou te dar um telefonema amanhã. • *v Brit* telefonar, ligar, bater um fio. *I'll bell you after work.* / Eu vou bater um fio para você depois do trabalho.

bellyache *s Amer* reclamação, queixa, bronca. *What's your bellyache now?* / Qual é sua reclamação agora? • *v Amer* reclamar, queixar-se. *Stop bellyaching all the time!* / Pare de reclamar o tempo todo!

belt up *v Brit* calar-se, calar a boca. *He told me to belt up!* / Ele me mandou calar a boca! • *interj Brit* fique quieto, cale a boca. *Belt up! I'm on the phone!* / Cale a boca! Eu estou no telefone!

bender *s* **1** uma sessão de bebedeira, farra, balada, festa (com muita bebida). *We went out on a bender last night.* / Nós fomos para a balada ontem à noite. **2** *Brit pej* homem homossexual, gay, veado, boiola, bicha. *I had no idea Adam was a bender.* / Eu não tinha a menor ideia de que o Adam era veado.

benny (derivação de *Benzedrine*) *s* comprimido de anfetamina. *I can't sleep. I took a benny at the party.* / Não consigo dormir. Eu tomei um comprimido de anfetamina na festa.

bent *adj* bêbado, chapado, trincado. *Nick was completely bent at the party last night.* / O Nick estava completamente chapado na festa de ontem à noite.

best / best of British (abreviação de *best of British luck*) *s* boa sorte. *Well, best of British to you on your new job!* / Bem, boa sorte para você no seu novo emprego!

best shot *s Amer* o melhor de si, o melhor possível. *I'm sure you'll do well. Just give it your best shot.* / Eu tenho certeza de que você vai se sair bem. É só dar o melhor de si.

betcha (derivação de *bet you*) *v Amer* ter o palpite que, apostar que. *I betcha she doesn't come to the party.* / Eu aposto que ela não vem à festa.

better half *s* marido, mulher. *Give my regards to your better half.* / Mande lembranças para a sua mulher.

bevvy (derivação de *beverage*) *s Brit* bebida alcoólica, cerveja, breja. *We had a few bevvies after work.* / A gente tomou umas brejas depois do trabalho.

biatch (derivação de *bitch*) *s vulg* prostituta, vagabunda, puta. *The place is full of biatches!* / O lugar está cheio de vagabundas!

bicky (derivação de *biscuit*) *s Brit* biscoito. *Fancy a bicky with your tea?* / Que tal um biscoito para acompanhar o chá?

biddy *s* mulher. *Remember the old biddy that used to work in the school library?* / Você lembra da velhota que trabalhava na biblioteca da escola?

big *adj* muito popular. *Electronic music is big in Europe.* / Música eletrônica é muito popular na Europa.

Big Apple *s* (sempre com o artigo *the*) apelido da cidade de Nova York. *So, how are things in the Big Apple?* / E aí, como andam as coisas em Nova York?

big cheese *s* pessoa importante, influente, poderosa etc., o bambambã. *He is a big cheese at Microsoft.* / Ele é um bambambã na Microsoft.

big enchilada *V big cheese.*

big shot *V big cheese.*

big time *s* sucesso, estrelato. *With his new film he's finally made it to the big time.* / Com seu novo filme, ele finalmente atingiu o estrelato. • *adv* completamente, totalmente. *You'll be in trouble big time if she finds out!* / Você vai estar totalmente encrencado se ela descobrir!

biggie *s* algo importante. *I've got something to tell you and it's a biggie.* / Eu tenho algo para te contar, e é algo importante.

bigmouth *s* pessoa indiscreta que fala demais, tagarela, intrometida, bocudo. *So this bigmouth comes over and starts telling me how to do my own job!* / Aí um intrometido se aproximou e começou a me dizer como fazer meu próprio serviço!

big-style *adv Brit* completamente, totalmente. *Claire is into you big-style, man!* / A Claire está totalmente a fim de você, cara!

big-up *s Brit* agradecimento, salve, abraço. *I want to give a big-up to all my bros here tonight!* / Eu quero mandar um salve para todos os meus manos aqui hoje à noite!

bike

bike *s Brit pej* mulher promíscua, galinha, piranha, vagabunda, puta. *Janet is the village bike. Every man has had a ride on her.* / A Janet é a galinha do bairro. Todo cara já saiu com ela.

biker *s* motoqueiro. *The bikers hang out at this bar.* / Os motoqueiros frequentam esse bar aqui.

bikkie *V bicky*.

bimbo *s* mulher jovem e bonita, mas pouco inteligente; loira burra. *Shirley is a real bimbo.* / A Shirley é uma loira burra.

bin (derivação de *rubbish bin*) *v Brit* jogar fora. *You can bin it. We don't need that anymore.* / Pode jogar fora. A gente não precisa mais disso.

bingo *interj* é isso mesmo, exatamente, acertou na mosca. *'So you don't like my new dress?' 'Bingo!'* / 'Quer dizer que você não gostou do meu vestido novo?' 'Acertou na mosca!'

binman / **bin man** *s Brit* lixeiro. *The bin man left this bag behind.* / O lixeiro deixou esta sacola para trás.

bins (derivação de *binoculars*) *s Brit* óculos. *Have you seen my bins anywhere?* / Você viu os meus óculos em algum lugar?

bird *s* **1** mulher, namorada, mina. *Are you bringing your bird?* / Você vai trazer sua mulher? **2** avião, satélite, foguete. *They shot down two more birds this morning in Iraq.* / Eles derrubaram mais dois aviões esta manhã no Iraque.

bitch slap

birdbrain *s* idiota, imbecil, babaca, tonto. *Who's the birdbrain that left the tap on all night?* / Quem foi o tonto que deixou a torneira aberta a noite toda?

bit of all right *s Brit* (sempre com o artigo *a*) mulher, garota, mina etc. atraente, sexy, gostosa, linda. *She's a bit of all right!* / Ela é uma garota atraente!

bitch piss *s Brit vulg* refrigerante alcoólico (à base de frutas, geralmente consumido por mulheres). *My wife drinks that bitch piss, but I can't stand the stuff!* / A minha mulher bebe esse refrigerante alcoólico, mas eu detesto isso!

bitch *s vulg* **1** mulher desagradável ou mal-humorada, megera, vaca. *The new manager is a real bitch!* / A nova gerente é uma vaca! **2** *pej* mulher, namorada, mina, garota. *My bitch went to her sister's for the weekend.* / Minha mulher foi passar o final de semana na casa da irmã dela. **3** algo desagradável ou difícil, porre. *Finding work can be a real bitch.* / Encontrar um emprego pode ser um verdadeiro porre. • *v vulg* reclamar, falar mal. *Stop bitching about my cooking!* / Pare de falar mal da minha comida!

bitch slap *s Amer vulg* bofetada, tapa, bolacha. *If she said that to me, I'd give her a bitch slap.* / Se ela dissesse isso para mim, eu daria uma bofetada nela. • *v Amer vulg* dar uma bofetada, tapa, bolacha etc. no rosto de alguém. *He bitch slapped Rose in front of everyone.* / Ele deu um tapa no rosto da Rose na frente de todo mundo.

bitch tits *s vulg* seios de gordura em homem que bebe muita cerveja; tetas. *You can't go around without a shirt on with those bitch tits! You look ridiculous!* / Você não pode sair por aí sem camisa com essas tetas de fora! Você está ridículo!

bitchy *adj* mal-humorado. *Why are you so bitchy today?* / Por que você está tão mal-humorado hoje?

bite me *interj Amer* vá tomar banho, vá se danar. *You want me to work Saturday night? Bite me! I've got other plans.* / Você quer que eu trabalhe no sábado à noite? Vá se danar! Eu tenho outros planos.

blab *v* **1** conversar, bater papo. *Are you two going to sit there and blab all night?* / Vocês dois vão ficar sentados aí batendo papo a noite toda? **2** revelar, contar segredo, abrir a boca. *I'll tell you, but you can't blab this to anyone.* / Eu vou te contar, mas você não pode abrir a boca para ninguém.

blabbermouth *s* alguém que fala muito e não guarda segredo; tagarela, bocudo, boca-aberta. *Don't tell John. He's such a blabbermouth!* / Não conte para o John. Ele é um boca-aberta!

bladdered *adj* bêbado, chapado, trincado. *Don't come home bladdered again!* / Não venha para casa bêbado novamente!

blag *s Brit* roubo, furto, fita. *Jack was in on the blag.* / O Jack participou do roubo.

blah-blah-blah *s* conversa entediante e inútil, conversa mole, papo-furado, blablablá. *The manager gives us the same blah-blah-blah at every meeting.* / O gerente vem com a mesma conversa mole em toda reunião.

blank *v Brit* ignorar alguém completamente. *I said 'hi' to her, but she just blanked me!* / Eu disse 'oi' para ela, mas ela me ignorou completamente!

blast *s* evento ou experiência muito divertida, estouro, festa, loucura. *The trip was a blast!* / A viagem foi uma loucura!

bleeding *adj Brit* o mesmo que *bloody*, alternativa menos ofensiva. *It's your bleeding turn to wash up!* / É a sua vez, sim, de lavar a louça!

blimey *interj Brit* meu Deus, caramba. *Blimey! Look at the time!* / Meu Deus! Olha a hora!

blimp *s pej* pessoa obesa, gordo, gorducho, balofo, baleia. *Check out the blimp going into the restaurant!* / Olha aquele gorducho entrando no restaurante!

blind (derivação de *blind drunk*) *adj* bêbado, chapado, trincado. *Gina was blind when she got home last night.* / A Gina estava chapada quando chegou em casa ontem à noite.

blitzed *adj* bêbado, chapado, trincado. *You're too blitzed to drive.* / Você está bêbado demais para dirigir.

bloke *s Brit* homem, cara, camarada,

mano. *The new manager seems like a nice bloke.* / O novo gerente parece ser um cara legal.

bloody *adj Brit* (palavra usada para enfatizar) algo como: a desgraça de, o infeliz de. *Answer the bloody phone, will you?* / Dá para atender à desgraça do telefone? • *interj Brit vulg* cacete, puta merda. *Oh, bloody! I've lost my key!* / Puta merda! Eu perdi a minha chave!

blooming *adj Brit* (alternativa menos ofensiva que *bloody*, usada para enfatizar). *What a blooming idiot!* / Que cara mais idiota!

blooper *s* erro engraçado de gravação (TV, filme etc.). *They made a funny video of all the bloopers on the 6 o'clock news.* / Eles fizeram um vídeo engraçado com todos os erros de gravação do noticiário das 6.

blotto *adj* completamente bêbado, chapado, trincado. *He arrived home blotto last night.* / Ele chegou em casa chapado ontem à noite.

blow *s* cocaína, farinha, pó. *The police found blow in his car.* / A polícia achou cocaína no carro dele. *v* **1** sair de algum lugar, cair fora, vazar. *Let's blow this party.* / Vamos cair fora desta festa. **2** gastar, torrar (dinheiro). *I blew my paycheck on a new stereo.* / Eu torrei meu salário do mês num som novo. **3** desperdiçar, estragar (oportunidade). *The boss will give you another chance. Don't blow it this time!* / O chefe vai te dar uma outra chance. Só não vá desperdiçá-la! **4** *vulg* fazer sexo oral, fazer uma chupeta, fazer um boquete. *Did she blow you?* / Ela fez uma chupeta para você?

blow a fuse *v* ficar furioso, ficar puto. *The boss will blow a fuse when he sees this!* / O chefe vai ficar furioso quando vir isso!

blow away *v* **1** matar, apagar alguém (com arma de fogo). *The police blew the guy away.* / A polícia matou o cara. **2** surpreender, impressionar, deixar boquiaberto. *Their new CD blew me away.* / O novo CD deles me deixou boquiaberto.

blow chunks *v* vomitar, chamar o Hugo. *She's blowing chunks in the bathroom.* / Ela está vomitando no banheiro.

blow job *s vulg* sexo oral, chupeta, boquete. *She gave him a blow job.* / Ela fez uma chupeta para ele.

blow off *v* deixar de fazer algo necessário, faltar a um compromisso, matar (aula, trabalho, compromisso). *Let's blow off classes and go to the movies.* / Vamos matar aula e ir ao cinema.

blow one's cool *v* perder o controle, perder a compostura. *He didn't blow his cool during the interview.* / Ele não perdeu a compostura durante a entrevista.

blow one's mind *v* surpreender, impressionar, deixar boquiaberto. *The film just blew my mind!* / O filme me deixou boquiaberto!

blue *adj* **1** pornográfico, pornô. *Is it a blue film?* / É um filme pornô? **2** triste. *Why are you so blue?* / Por que você está tão triste?

blunt *adj* lento para entender, burro, devagar. *Jeff is a blunt fellow. So you'll have to explain it more than once.* / O Jeff é um sujeito lento para entender. Então, você vai ter que explicar mais de uma vez.

bod (abreviação de *body*) *s* corpo. *She has a nice bod.* / Ela tem um corpo legal.

boff *v vulg* fazer sexo, transar, trepar, comer alguém. *Did you boff her?* / Você a comeu?

bogey *s* muco, caca de nariz. *Don't wipe your bogey on the sofa!* / Não passe caca de nariz no sofá!

bogus *adj* falso. *He used a bogus passport to leave the country.* / Ele usou um passaporte falso para fugir do país.

bollocks *interj Brit vulg* mentira, besteira, papo-furado. *He said he didn't have the money to pay? Bollocks!* / Ele disse que não tinha dinheiro para pagar? Mentira!

boloney V *baloney*.

bonehead *s Amer* idiota, imbecil, babaca, tonto. *Who's the bonehead who left the fridge door open?* / Quem foi o idiota que deixou a porta da geladeira aberta?

boner *s vulg* ereção, pau duro. *I get a boner just thinking about her.* / Eu fico de pau duro só de pensar nela.

bonk *v vulg* **1** fazer sexo, transar, trepar, comer alguém. *Did you bonk her?* / Você transou com ela? **2** bater, atingir, acertar, lascar. *I got bonked on the head with a ball.* / Eu fui atingido na cabeça por uma bola. *She bonked him on the head with a frying pan.* / Ela lascou uma frigideira na cabeça dele.

bonkers *adj* louco, maluco, pirado. *The film is a bit bonkers.* / O filme é meio maluco.

bonzer *adj Austr* ótimo, excelente, da hora, incrível, animal. *Their new house is just bonzer!* / A nova casa deles é animal!

boob *s* **1** idiota, imbecil, babaca, tonto. *Is she still going out with that boob from Texas?* / Ela ainda está saindo com aquele babaca do Texas? **2** seio, peito. *She has a mole on her left boob.* / Ela tem uma verruga no seio esquerdo.

boob job *s* implante de silicone nos seios. *I hear Wendy had a boob job.* / Eu ouvi dizer que a Wendy fez um implante de silicone nos seios.

boob tube *s Amer* televisão, TV. *Turn off the boob tube and go to bed!* / Desligue a TV e vá dormir!

boobies / **boobs** *s* seios, peitos. *Do you think this dress makes my boobs look too big?* / Você acha que este vestido faz os meus seios parecerem grandes demais? *Check out her boobies!* / Saca só os peitos dela!

booboo *s* erro. *The accountant made a booboo. These numbers don't make sense.* / O contador cometeu algum erro. Estes números não fazem sentido.

booger *s* muco, caca de nariz. *Gross! He's got a booger on the end of his finger!* / Que nojo! Ele está com uma caca de nariz no dedo!

bookie *s* agenciador de apostas (geralmente em corrida de cavalos). *I've got to call my bookie. I've just got a hot tip on a horse.* / Eu tenho que ligar para o meu agenciador de apostas. Estou com um palpite forte sobre um cavalo.

boom box *s Amer* som portátil (geralmente grande e potente). *Bring your boom box to the beach.* / Traga o seu som portátil para a praia.

booze *s* bebida alcoólica (destilada), birita. *You'd better lay off the booze if you're going to drive.* / É melhor você ficar longe de bebida se for dirigir.

booze up *s* sessão de bebedeira, farra, balada, festa (com muita bebida). *I heard Jim had a big booze up at his place.* / Fiquei sabendo que o Jim deu uma festa com bebida à vontade na casa dele.

boozer *s* **1** alcoólatra, bêbado, bebum, pé de cana. *Mike's father was a boozer as well.* / O pai do Mike era alcoólatra também. **2** bar, boteco. *You'll probably find Frank in the little boozer on the corner.* / Você provavelmente vai encontrar o Frank num boteco da esquina.

boozy *adj* com bebida à vontade. *It was a very boozy wedding reception.* / Foi uma recepção de casamento com bebida à vontade.

boss *adj* excelente, ótimo, da hora, incrível, animal. *The show last night was boss.* / O show ontem à noite foi incrível.

botch *v* estragar, fazer mal feito ou errado, fazer cagada. *I need this report by five o'clock and don't botch it!* / Eu preciso deste relatório até as cinco horas e não faça cagada!

bottle *s Brit* coragem, peito. *You don't have the bottle to say that to his face!* / Você não tem coragem de dizer isso na cara dele!

bouncer *s* pessoa que trabalha como segurança em bar, restaurante, hotel ou clube noturno, leão de chácara. *The bouncers turned us away at the door because we were wearing jeans.* / Os seguranças nos barraram na porta porque estávamos usando jeans.

box *s vulg* vagina, boceta, perereca, xoxota. *The stripper wore a little thong to cover her box.* / A dançarina usava uma pequena tira para cobrir a perereca.

boys in blue *s Amer* polícia. *The party ended when the boys in blue showed up.* / A festa acabou quando a polícia apareceu.

bozo *s* idiota, imbecil, babaca, tonto. *Some bozo scratched my car.* / Um idiota arranhou o meu carro.

Brahms and Liszt *adj Brit* (rima com *pissed*) bêbado, chapado, trincado. *Sam was Brahms and Liszt when he left the party.* / O Sam estava trincado quando saiu da festa.

brass monkey weather *s* clima muito gelado, frio intenso. *The paper says we're going to have brass monkey weather all weekend.* / O jornal diz que teremos frio intenso por todo o final de semana.

brassed off *adj* zangado, bravo, puto. *The boss was brassed off because I was late again this morning.* / O chefe estava bravo porque eu cheguei atrasado de novo esta manhã.

bread *s* dinheiro, grana. *Can you lend me some bread till payday?* / Dá para você me emprestar uma grana até o dia do pagamento?

breeze *s* algo muito fácil de fazer, moleza, bico. *The math test was a breeze!* / A prova de matemática foi moleza!

brew / brewski *s* cerveja, breja. *Grab a brewski from the fridge.* / Pegue uma cerveja na geladeira.

brill (abreviação de *brilliant*) *adj* ótimo, excelente, da hora, incrível, animal. *'How was the show?' 'Just brill!'* / 'Como foi o show?' 'Animal!'

bro (abreviação de *brother*) *s* **1** irmão. *This is my bro, Mike.* / Este é o meu irmão, Mike. **2** amigo, chegado, mano. *What gives, bro?* / Que tá pegando, mano?

broad *s* mulher, mina, garota. *Check out that broad at the next table.* / Dá uma olhada naquela garota na outra mesa.

broke *adj* totalmente sem dinheiro, duro, quebrado, liso. *Can you lend me some money? I'm broke.* / Dá para você me emprestar uma grana? Eu estou liso.

brolly (derivação de *umbrella*) *s Brit* guarda-chuva. *Don't forget your brolly!* / Não esqueça o seu guarda-chuva!

BS / B.S. (abreviação de *bullshit*) *s* mentira, lorota, besteira. *Don't give me that B.S.!* / Não me venha com mentiras!

bubbly *s* champanhe, espumante. *Shall we order a bottle of bubbly to celebrate?* / Vamos pedir uma garrafa de champanhe para comemorar?

buck *s Amer* dólar. *Can you lend me five bucks?* / Você pode me emprestar cinco dólares?

buddy *s* amigo, chegado, mano. *I'm going out with a few buddies for a beer.* / Vou sair com alguns amigos para tomar uma cerveja.

bug *s* inseto, bicho. *There are too many bugs tonight.* / Tem muitos insetos hoje à noite. *v* perturbar, encher o saco. *That noise is starting to bug me.* / Esse barulho está começando a me encher o saco.

bug off *interj* vá embora, cai fora. *I'm busy. Bug off!* / Estou ocupado. Cai fora!

bugger all *s* nada, coisa alguma, porcaria nenhuma. *I got bugger all from her on my birthday.* / Eu não ganhei porcaria nenhuma dela no meu aniversário.

bugger *s* **1** pessoa, sujeito, cara. *Who's the lucky bugger who won the lottery?* / Quem foi o sujeito sortudo que ganhou na loteria? **2** *vulg* pessoa desprezível, desgraçado, canalha, safado, filho da puta. *The bugger hit my car.* / O desgraçado bateu no meu carro. • *v vulg* estragar, arruinar, foder. *You just buggered your chances to get a promotion.* / Você fodeu com as suas chances de ganhar uma promoção. • *interj vulg* puta que pariu, puta merda, cacete. *Bugger! I've lost my wallet!* / Puta que pariu! Perdi a minha carteira!

bull / **bullshit** *s vulg* mentira, papo-furado, conversa fiada. *Cut the bullshit and tell me what really happened!* / Deixe de papo-furado e conte o que realmente aconteceu! *What a lot of bull!* / Que mentira! • *v* mentir, enganar, enrolar, sacanear. *He's bullshitting you!* / Ele está te enrolando!

bum *s* **1** nádegas, bunda, traseiro. *Those shorts make your bum look huge.* / Esses shorts te deixam com o traseiro enorme. **2** mendigo, vagabundo. *The bums sleep in the bus station.* / Os mendigos dormem na rodoviária. • *v* pedir emprestado, serrar. *Can I bum a cigarette?* / Posso serrar um cigarro?

bummed / **bummed out** *adj* deprimido, desanimado. *The kids are bummed out because they lost the game.* / Os garotos estão deprimidos porque perderam o jogo.

bummer *s* situação desagradável, decepção, azar. *We just missed the last bus. What a bummer!* / Acabamos de perder o último ônibus. Que azar!

buns *s* nádegas, bunda, traseiro. *Get off your buns and help me in the kitchen!* / Levanta esse traseiro daí e venha me ajudar na cozinha!

bush *s vulg* pelos (púbicos de uma vagina). *Did you see her bush?* / Você viu os pelos dela?

bushed *adj* extremamente cansado, exausto, só o pó. *Let's go to bed. I'm bushed!* / Vamos dormir. Eu estou só o pó!

bust *s* apreensão policial. *There was a big drug bust this morning.* / Houve uma grande apreensão policial de drogas esta manhã. • *v* **1** quebrar, arrebentar, estourar. *We had to bust the door to get in.* / Nós tivemos que arrebentar a porta para entrar. **2** prender (pessoa). *Police busted the bank robbers after the robbery.* / A polícia prendeu os assaltantes de banco depois do roubo.

bust-ass *adj Amer vulg* **1** forte, poderoso, turbinado. *The car has a bust-ass 8 cylinder engine.* / O carro tem um motor poderoso de 8 cilindros. **2** ótimo, excelente, da hora, animal. *He gave a real bust-ass party last week.* / Ele deu uma festa animal semana passada.

bust one's ass / bust one's butt *vulg* fazer um grande esforço, dar um duro danado. *I bust my ass and all my boss does is complain about my work.* / Eu dou um duro danado e tudo o que o meu chefe faz é reclamar do meu serviço.

butt *s* nádegas, bunda, traseiro. *Stop sitting on your butt and help me make dinner!* / Levante a bunda daí e me ajude a preparar o jantar!

buzz *s* **1** telefonema, ligação, ligada. *Give me a buzz when you get home.* / Dê uma ligada para mim assim que você chegar em casa. **2** agradável estado de intoxicação, barato (de bebida ou droga). *Did you catch a buzz from that joint?* / Você curtiu o barato daquele baseado?

cabbage *s* dinheiro, grana. *How much cabbage do you have?* / Quanta grana você tem?

cabbage / cabbage head *s* idiota, imbecil, babaca, tonto. *Don't be such a cabbage head and look where you're walking!* / Não seja tonto e olhe para onde anda!

cabbie / cabby *s* motorista de táxi, taxista. *Donovan works as a cabbie.* / O Donovan trabalha como taxista.

caboose *s* nádegas, bunda, traseiro. *Not much of a face, but she's got a nice caboose!* / Ela não é muito bonita de rosto, mas tem um belo traseiro!

cake hole *s* boca. *Can you shut your cake hole for a minute?* / Dá para você calar a boca por um minuto?

cakes *s* nádegas, bunda, traseiro. *She tripped and fell on her cakes.* / Ela tropeçou e caiu de bunda.

cakewalk *s* algo muito fácil, moleza, bico. *Don't worry. The test'll be a cakewalk.* / Não se preocupe. A prova vai ser moleza.

call girl *s* prostituta, garota de programa. *The guy at the hotel offered us the number of a call girl.* / O cara do hotel nos ofereceu o número do telefone de uma garota de programa.

call hogs *v* roncar alto. *I can't sleep with John calling hogs all night long!* / Eu não consigo dormir com o John roncando alto a noite toda!

can *s* banheiro. *Where can we find a can in this place?* / Onde a gente acha um banheiro nesse lugar? • *v* **1** desfazer-se de algo, jogar fora. *If you don't need that anymore, just can it!* / Se você não precisa mais disso, jogue fora! **2** demitir alguém. *The boss canned him for being late.* / O chefe o demitiu por chegar atrasado.

can it *interj* cale a boca. *The teacher is coming. Can it!* / A professora está vindo. Cale a boca!

cardie / cardy (abreviação de *cardigan*) *s Brit* jaqueta ou casaco (de malha de lã com botões). *Take your cardie. It's nippy outside.* / Leve o seu casaco. Está frio lá fora.

cash in *v* morrer, bater as botas. *I want to travel the world before I cash in.* / Eu quero viajar pelo mundo antes de bater as botas.

'cause (derivação de *because*) *conj* porque. *'Why are you angry?' 'Cause you lied to me!'* / 'Por que você está brava?' 'Porque você mentiu pra mim!'

centerfold *s* **1** fotografia de uma mulher nua em revista masculina (geralmente de três páginas, em formato de pôster). *Check out the centerfold in this month's Playboy!* / Saca só essa foto na *Playboy* deste mês! **2** mulher que posa nua para revista masculina em formato de pôster. *She was a centerfold in last month's Playboy issue.* / Ela foi destaque na edição da *Playboy* do mês passado.

chap *s Brit* homem, cara, camarada, amigo, mano. *I've never seen this chap before.* / Eu nunca vi esse cara antes.

champ (abreviação de *champion*) *s* campeão. *He's the state surfing champ.* / Ele é o campeão estadual de surfe.

chat up *v Brit* passar uma cantada, xavecar, dar em cima de alguém. *He was chatting up my girlfriend when I arrived.* / Ele estava dando em cima da minha namorada quando eu cheguei.

cheap shot *s* comentário inapropriado, golpe baixo, mancada. *Telling him that he was been cheated on was a cheap shot.* / Dizer a ele que ele estava sendo traído foi mancada.

cheapskate *s* sovina, pão-duro, mão de vaca, miserável. *Don't be such a cheapskate and buy a round of beer!* / Não seja tão pão-duro e pague uma rodada de cervejas!

check it out *interj* dá uma olhada, saca só, se liga. *Check it out! Isn't this Ronald in this photo?* / Dá uma olhada! Não é o Ronald nesta foto?

cheeky monkey *s Brit* (termo usado em tom de brincadeira) descarado, sem-vergonha, safado, safadinho. *Come back here, you cheeky monkey!* / Volta aqui, seu safadinho!

cheerio *interj Brit* tchau, até mais. *I'm off to work now. Cheerio!* / Eu estou indo para o trabalho agora. Tchau!

cheers *interj Brit* **1** obrigado, valeu. *'Here's your cup of tea!' 'Cheers!'* / 'Aqui está a sua xícara de chá!' 'Valeu!' **2** tchau, até mais. *'I'd better get going.' 'Cheers, then.'* / 'É melhor eu ir andando.' 'Até mais, então.'

cheesy *adj* de mau gosto, cafona, brega. *Janice is always wearing those cheesy outfits.* / A Janice está sempre usando umas roupas cafonas.

chick *s* mulher, moça, garota, mina, gata. *Check out those chicks in the pool!* / Se liga naquelas gatas na piscina!

chicken *s* covarde, mole, bundão. *Don't be such a chicken! Go and ask her out!* / Não seja bundão! Vá lá e a chame para sair!

chickenshit *s vulg* **1** algo insignificante ou trivial, nada, café pequeno, fichinha. *A thousand dollars is chickenshit to a guy like that.* / Mil dólares é fichinha para um cara como esse. **2** mentira, bobagem, besteira. *He keeps giving you chickenshit and you believe it!* / Ele vive te contando mentira e você acredita! **3** covarde, mole, bundão. *Hey chickenshit! Want to fight?* / E aí, bundão! Quer brigar?

chief *s* homem, cara, amigo, mano. *What's up, chief?* / E aí, mano?

chill / chill out *v* **1** acalmar-se, relaxar, ficar frio. *Chill out! She'll show up any minute.* / Relaxa! Ela vai aparecer a qualquer momento. **2** descansar, relaxar, ficar numa boa. *I just want to go home and chill out tonight.* / Eu só quero ir para casa e ficar numa boa hoje à noite.

chink *s pej* chinês (pessoa). *A chink bought the house next door.* / Um chinês comprou a casa ao lado.

chinwag *s* conversa informal, bate-papo. *Rick and Fred were having a chinwag down at the pub.* / O Rick e o Fred estavam num bate-papo lá no bar. • *v* conversar, bater papo. *Quit chinwagging on the phone and get back to work!* / Pare de bater papo no telefone e volte para o trabalho!

chocker / chockies / chocko (derivação de *chocolate*) *s Brit* chocolate. *Do you want more chockies?* / Você quer mais chocolate?

chockers (derivação de *chock-a-block*) *adj Brit* cheio, lotado, abarrotado. *The bus was chockers this morning.* / O ônibus estava lotado hoje de manhã.

chop shop *s* lugar onde carros roubados são desmanchados para comercialização das peças; desmanche de carro roubado. *At this point your car is probably sitting in a chop shop somewhere.* / A essa altura o seu carro está provavelmente escondido num desmanche de carros roubados em algum lugar.

chopper *s* **1** helicóptero. *The chopper was flying over our house.* / O helicóptero estava sobrevoando a nossa casa. **2** moto com garfos estendidos. *I'm turning my old Kawasaki into a chopper.* / Eu vou transformar a minha velha Kawasaki numa moto estendida.

choppers *s* dentes, dentadura. *Has anyone seen granny's choppers?* / Alguém viu a dentadura da vovó?

chops *s* lábios, beiços, boca. *The dog is licking his chops waiting for the leftovers.* / O cachorro está lambendo os beiços esperando pelas sobras de comida.

chow *s* comida, rango. *They serve great chow at that restaurant.* / Eles servem um rango muito bom naquele restaurante. • *v* comer, rangar. *I just want to know what time we're going to chow tonight.* / Eu só quero saber a que horas nós vamos comer hoje à noite.

Chrimble (derivação de *Christmas*) s Brit Natal. *Where will you be for Chrimble?* / Onde você vai passar o Natal?

chuck up v vomitar, chamar o Hugo. *Ben chucked up all over the floor.* / O Ben vomitou por todo o chão.

chuff v vulg peidar. *Man, who just chuffed?* / Cara, quem peidou?

chuffed adj Brit muito satisfeito, contente, feliz. *I was chuffed to bits when I heard the news.* / Eu fiquei superfeliz quando soube da notícia.

chunder v Austr vomitar, chamar o Hugo. *Doris chundered in the car.* / A Doris vomitou no carro.

cig / ciggy (derivação de *cigarette*) s cigarro. *Do you have a ciggy?* / Você tem um cigarro?

cinch s algo fácil de fazer, moleza, bico. *The math test was a cinch!* / A prova de matemática foi moleza!

clam s dólar. *It cost me fifty clams to fix the car.* / Gastei 50 dólares para consertar o carro.

clap s (sempre com o artigo *the*) gonorreia. *He got a case of the clap in Thailand.* / Ele pegou gonorreia na Tailândia.

class act s pessoa ou algo de classe, refinado. *Leslie is so charming, a real class act!* / A Leslie é tão charmosa, uma pessoa de classe!

classy adj elegante, refinado, chique, requintado. *We stayed in a classy hotel in Paris.* / Nós ficamos num hotel chique em Paris.

clean adj dentro da lei, limpo. *The police searched him, but he was clean.* / A polícia o revistou, mas ele estava limpo.

click (derivação de *kilometre*) s Can quilômetro. *The place is about 20 clicks out of town.* / O lugar fica a 20 quilômetros da cidade.

clinch v finalizar, concluir. *We clinched the match with a penalty goal.* / Nós finalizamos a partida com um gol de pênalti.

clink s prisão, cadeia, cela. *Peter spent the night in the clink.* / O Peter passou a noite na cadeia.

clobber v **1** bater, dar uma surra. *They clobbered him after class.* / Eles deram uma surra nele depois da aula. **2** vencer com grande margem, derrotar, golear (jogo, competição etc.). *Canada clobbered Russia in the final game.* / O Canadá goleou a Rússia na partida final. **3** criticar severamente, descer a lenha. *The boss clobbered everyone in the meeting.* / O chefe desceu a lenha em todo mundo na reunião.

close shave s ato de escapar por um triz ou livrar-se por pouco. *That was a close shave! The car almost hit you!* / Essa foi por pouco! O carro quase te pegou!

clout s influência, poder. *Doug has a lot of clout in the company.* / O Doug tem muito poder na empresa.

clued up *adj Brit* bem informado, sintonizado, ligado, antenado. *He's well clued up about the hip hop scene.* / Ele é bem antenado no movimento *hip hop*.

clueless *adj* sem noção, sem conhecimento ou talento. *Don't let James handle it. He's totally clueless!* / Não deixe o James cuidar isso. Ele é totalmente sem noção!

cluster fuck *s Amer vulg* situação caótica, bagunça, zona. *Two machines broken and staff on strike. It's a total cluster fuck!* / Duas máquinas quebradas e os empregados em greve! Isso está uma zona!

cobblers *s Brit vulg* testículos, bolas, saco. *He deserves a good kick in the cobblers for what he did!* / Ele merece um belo chute no saco pelo que fez!

cock *s vulg* pênis, pinto, pau. *She wanted to see his cock.* / Ela queria ver o pau dele.

cock tease *s vulg* mulher provocante e sedutora, mas que não vai para a cama; fogo de palha. *Don't waste your time on her. She's just a cock tease!* / Não perca seu tempo com ela. Ela só é fogo de palha!

cockamamie / cockamamy *adj* ridículo, inacreditável, absurdo. *You didn't believe that cockamamie story, did you?* / Você não acreditou naquela história absurda, né?

cocksucker *s vulg* **1** pessoa desprezível, canalha, safado, filho da puta. *The cocksucker says he's not going to pay me back the money he owes me!* / O filho da puta disse que não vai devolver o dinheiro que ele me deve!

cock-up *s Brit vulg* erro, gafe, mancada, cagada. *Someone made a cock-up in the accounts!* / Alguém fez uma cagada nas contas!

codswallop *s* mentira, besteira, bobagem. *I don't believe that load of codswallop!* / Eu não acredito nesse monte de besteira!

coffin nail *s* cigarro. *Got a coffin nail?* / Você tem um cigarro?

coin *s* dinheiro, grana. *Peter is making serious coin with his company.* / O Peter está ganhando muita grana com a empresa dele.

coke (derivação de *cocaine*) *s* cocaína. *The police found coke in his apartment.* / A polícia encontrou cocaína no apartamento dele.

come *s vulg* sêmen, esperma, porra. *Police found come on the victim's dress.* / A polícia encontrou esperma no vestido da vítima. • *v* chegar ao orgasmo, gozar. *Did she come?* / Ela gozou?

come off it *interj* que besteira, conta outra. *Come off it! Are you sure he said that?* / Conta outra! Tem certeza de que ele disse isso?

commie (derivação de *communist*) *s* comunista, comuna. *The press is calling him a commie.* / A imprensa o está chamando de comunista.

con s enganação, trapaça, calote. *There's no free prize. It's all a big con!* / Não existe prêmio de graça. Isso é uma grande trapaça!

con artist / con man s estelionatário, vigarista, trapaceiro. *Police arrested the con man who was selling fake antiques.* / A polícia prendeu o vigarista que estava vendendo artigos de antiguidade falsos.

cookie hole s boca. *Shut your cookie hole for a minute and listen to me!* / Cale a boca por um minuto e me escuta!

cool adj excelente, ótimo, da hora, incrível, animal. *The movie is really cool!* / O filme é incrível mesmo!

cool it interj **1** fica calmo, fica frio. *Cool it! Everything is going to be fine.* / Fica frio! Tudo vai dar certo. **2** pare com isso, dá um tempo. *Cool it for a moment!* / Dá um tempo!

cooler s prisão, cadeia. *He spent 10 years in the cooler for armed robbery.* / Ele passou dez anos na cadeia por assalto à mão armada.

cop s policial, tira. *There's a cop on the corner.* / Tem um tira na esquina. • v adquirir, conseguir, descolar. *I managed to cop two tickets to the game.* / Eu consegui descolar dois ingressos para o jogo.

cop-out s **1** pretexto, escapatória, desculpa esfarrapada. *Saying he couldn't go to work because he'd sprained his wrist was just a cop-out, if you ask me.* / Dizer que não podia ir para o serviço porque ele tinha aberto o pulso foi só um pretexto, na minha opinião. **2** pessoa que evita ou foge de responsabilidade, irresponsável, covarde. *Dave is a total cop-out for leaving his wife and kids.* / O Dave é um completo irresponsável por ter abandonado a mulher e os filhos.

copycat s pessoa que copia o trabalho dos outros, copiador, imitador, plagiador. *There is nothing original in his music. He's just a copycat!* / Não tem nada de original nas músicas dele. Ele é apenas um plagiador!

corny adj **1** sentimental demais, meloso. *What a corny film!* / Que filme mais meloso! **2** banal, ridículo, velho, batido. *That's a corny joke!* / Essa piada é velha!

couch potato s pessoa preguiçosa, inativa, sem imaginação, que passa o tempo todo em frente à TV, viciada em TV. *The kids are becoming couch potatoes!* As crianças estão virando viciadas em TV!

coz V *'cause.*

crab s piolho, chato (na região pubiana). *It doesn't stop itching! I think I've got crabs!* / Não para de coçar! Eu acho que estou com chato!

crack a brew v tomar uma cerveja. *Come over tonight and we'll crack a few brews and watch the game.* / Venha pra cá hoje à noite

cracker *s Amer pej* pessoa branca, branquelo. *Who's the cracker talking with Emily?* / Quem é o branquelo conversando com a Emily?

cram *v* estudar para uma prova em cima da hora. *I have to cram for a big test tomorrow.* / Eu tenho que estudar para uma prova ferrada amanhã.

crank call *s* trote por telefone. *I got a crank call from someone claiming to be from the police.* / Eu recebi um trote por telefone de alguém que dizia ser da polícia.

cranky *adj* mal-humorado. *She is always cranky just after she wakes up.* / Ela sempre fica mal-humorada assim que acorda.

crap *s vulg* **1** fezes, cocô, merda. *There's dog crap on your shoe.* / Tem cocô de cachorro no seu sapato. **2** algo que não presta, porcaria, merda. *That Chinese watch I bought is a piece of crap!* / Esse relógio chinês que eu comprei é uma merda! **3** mentira, besteira, papo-furado. *Don't give me that crap!* / Não me venha com essa besteira! **4** coisas, tralha, porcaria. *Why do you carry around so much crap in your purse?* / Por que você carrega tanta tralha na bolsa? • *v vulg* defecar, fazer cocô, cagar. *John is in the bathroom crapping.* / O John está no banheiro cagando.

crap out *v vulg* **1** quebrar, enguiçar. *The TV crapped out again!* / A TV enguiçou de novo! **2** desistir, cair fora, dar para trás. *We were going to the movies together, but she crapped out at the last minute.* / A gente ia ao cinema juntos, mas ela deu para trás na última hora.

crapper *s vulg* vaso sanitário, toalete, banheiro. *Can I use your crapper?* / Posso usar o seu banheiro?

crash *v* **1** dormir. *I'm going to crash early tonight.* / Eu vou dormir cedo hoje à noite. **2** entrar sem convite, penetrar, invadir (festa). *Let's crash the party next door!* / Vamos invadir a festa do vizinho!

crasher *s* (derivação de *gatecrasher*) pessoa que entra sem ser convidada (em festa, show, evento etc.), penetra. *The bouncers kicked the crashers out.* / Os seguranças expulsaram os penetras.

cream *v* **1** vencer ou ganhar com grande margem, detonar, golear. *Brazil creamed Costa Rica in the final match.* / O Brasil goleou a Costa Rica na partida final. **2** *vulg* ejacular, gozar. *He creamed on her tits.* / Ele gozou nos peitos dela.

creep *s* **1** pessoa chata, xarope. *Tell the creep I'm not in!* / Diga para esse xarope que eu não estou aqui! **2** pessoa repulsiva ou assustadora, doente. *Some creep followed me home last night!* / Um doente me seguiu até em casa ontem à noite.

creeps *s* (sempre com o artigo *the*) sensação de medo ou arrepio. *He* *keeps staring at me. It's giving me the creeps!* / Ele fica me encarando! Está me dando medo!

creepy *adj* assustador, horripilante, horrível. *Quit telling the kids those creepy stories! They won't sleep tonight!* / Pare de contar essas histórias horripilantes para as crianças! Elas não vão dormir à noite!

crikey *interj* caramba, putz. *Crikey! Look at the time!* / Caramba! Olha que horas são!

crimble / crimbo *V chrimble.*

crock / crock of shit *s vulg* mentira, besteira, papo-furado. *I don't believe that crock of shit!* / Eu não acredito nessa besteira!

crocked *adj Amer* bêbado, chapado, trincado. *I'm utterly crocked!* / Eu estou completamente bêbado!

cruise *v* procurar parceiro para sexo, azarar (garotas). *Going to the pub to cruise tonight?* / Você vai para o bar azarar as garotas hoje à noite?

crummy *adj* de má qualidade, ruim, porcaria. *Those cheap digital cameras are pretty crummy!* / Essas câmeras digitais baratas são uma porcaria!

crush *s* paixão intensa e passageira, atração. *She's got a crush on you!* / Ela está apaixonada por você!

crust *s* dinheiro, grana. *You need serious crust to live in this neighbourhood!* / Você precisa ter muita grana para morar neste bairro!

crusty dragon *s* muco, caca de nariz (seca). *That's gross! He just ate a crusty dragon!* / Que nojento! Ele comeu caca de nariz!

cum *V come.*

cunt *s vulg* **1** vagina, boceta, perereca, xoxota. *She flashes her cunt in the movie.* / Ela mostra a xoxota de relance no filme. **2** pessoa desprezível, canalha, safado, filho da puta. *I'll never speak to that cunt again!* / Eu nunca mais falo com esse filho da puta! **3** *pej* mulher, garota, mina. *So, meet any cunts at the beach?* / E aí, descolou alguma mina na praia?

cup of tea *s* algo que agrada ou interessa, forte. *Dancing isn't my cup of tea.* / Dançar não é o meu forte.

cuppa (derivação de *cup of tea* ou *cup of coffee*) *s Brit* xícara de chá ou xícara de café. *Fancy a cuppa?* / Aceita uma xícara de chá?

cushty *adj Brit* ótimo, excelente, da hora, incrível, animal. *That's a cushty car, mate!* / Esse carro é animal, cara!

cushy *adj* fácil, que não exige esforço, moleza, bico. *Talk about a cushy job! He just answers the phone!* / Isso é que é um serviço fácil! Ele só atende ao telefone!

cut *v* **1** aguentar, suportar, sobreviver. *He couldn't cut it for a single day in the army.* / Ele não

cut the cheese

aguentaria um dia no Exército. **2** soltar (pum). *Someone cut a fart in the middle of dinner.* / Alguém soltou um pum no meio do jantar.

cut the cheese *v* soltar um peido, peidar. *Who cut the cheese?* / Quem soltou um peido?

cuz *V* '*cause*.

d

D.R. (acrônimo de *death row*) *s* corredor da morte. *He's on D.R., but his lawyer is going to ask for an appeal.* / Ele está no corredor da morte, mas o advogado dele vai entrar com apelação.

daffy *adj* idiota, imbecil, babaca, tonto. *Tim is so daffy sometimes!* / O Tim é tão tonto às vezes!

daft *adj Brit* idiota, imbecil, babaca, tonto. *Don't be daft! Of course she likes you!* / Não seja tonto! É claro que ela gosta de você!

dago *s pej* latino (pessoa). *Her father wasn't too happy because she married a dago.* / O pai dela não estava muito feliz porque ela se casou com um latino.

dairies *s vulg* seios, peitos. *Look at the dairies on that girl!* / Olhe os peitos daquela garota!

damage *s* quantia em dinheiro paga por algum serviço ou produto, custo, conta. *So, waiter, what's the damage?* / E aí, garçom, quanto ficou a conta?

damaged *adj* bêbado, chapado, trincado. *He was damaged well before midnight.* / Ele estava chapado bem antes da meia-noite.

dame *s* mulher, garota, mina. *Who's that dame I saw you with last night?* / Quem é aquela mina com quem eu te vi ontem à noite?

damn *adj* desgraçado, infeliz, miserável. *That damn dog has dug another hole in the garden!* / Aquele cachorro desgraçado cavou mais um buraco no jardim!

damn / damn it *interj* caramba, putz, droga. *Damn it! I've spilled coffee on my new suit!* / Droga! Derramei café no meu terno novo!

dangleberry *s vulg* **1** excremento ou sujeira nos pelos ao redor no ânus. *The dog is full of dangleberries again!* / O cachorro está sujo de cocô novamente! **2** idiota, imbecil, babaca, tonto. *Remember that dangleberry that used to sit behind me in high school?* / Você se lembra daquele idiota que sentava atrás de mim no colégio?

darkie / darky s *pej* pessoa de cor negra ou parda. *He'd never let his daughter marry a darky.* / Ele nunca deixaria a filha dele se casar com um negro.

dead *adj* **1** quieto, chato, apagado, parado. *This party is really dead!* / Esta festa está muito parada! *adj* **2** muito cansado, exausto, só o pó. *I'm usually dead at the end of the day.* / Eu geralmente estou só o pó no fim do dia. • *adv* muito, completamente, totalmente. *You're dead wrong!* / Você está totalmente errado!

deadbeat s pessoa que não paga as dívidas, caloteiro, picareta. *The deadbeat still owes me two months of rent!* / O picareta ainda me deve dois meses de aluguel!

dead cert s certeza absoluta. *It's a dead cert that they will come.* / É certeza absoluta que eles virão.

dead president s (referência à figura de ex-presidentes em cédulas de dinheiro) nota de dólar americano; dinheiro, grana. *That's going to cost us quite a few dead presidents.* / Isso vai nos custar uma boa grana.

dead ringer s pessoa muito parecida com alguém, figura idêntica, cara de alguém. *She's a dead ringer for her mother.* / Ela é a cara da mãe dela.

deal s situação, jogada, parada. *What's the deal here?* / Qual é a parada aqui? • *v* vender (drogas). *Greg is dealing drugs.* / O Greg está vendendo drogas.

dealer s traficante de drogas. *I didn't know Wilson was a dealer.* / Eu não sabia que o Wilson era traficante.

decaf (derivação de *decaffeinated coffee*) s café sem cafeína, café descafeinado. *I'll have a cup of decaf and a ham sandwich.* / Eu vou querer um café descafeinado e um sanduíche de presunto.

decent *adj* ótimo, excelente, da hora, animal. *That is some decent music!* / Esse som é animal!

deck s maço (de cigarros). *Where's my deck of smokes?* / Onde está o meu maço de cigarros? • *v* derrubar ou desmontar alguém no chão com um soco, nocautear. *She decked him with one blow.* / Ela nocauteou ele com um soco.

deep six *v* jogar fora, livrar-se, dar fim em algo. *I had to deep six the lasagna that was in the fridge!* / Eu tive que jogar fora a lasanha que estava na geladeira!

deke / deke out *v* Can driblar. *He deked out two guys and scored the winning goal.* / Ele driblou dois jogadores e marcou o gol da vitória.

dem / demo (abreviação de *demonstration* ou *demonstrate*) s **1** gravação de música feita por amadores para divulgar trabalho; versão demo. *We sent our demo out to a few record companies.* / Nós enviamos a nossa versão demo para algumas gravadoras. **2** demonstração, apresentação. *I'll give you a demo of how it works.* / Eu vou te fazer uma demonstração de como isso funciona. **3** passeata, protesto. *She took part in a demo against the war.* / Ela participou de um protesto contra a guerra.

dibs *s* termo usado para dizer que algo não deve ser pego, comido, usado etc. por outra pessoa. Algo como: ... é meu, ninguém toca no/na..., ... já tem dono. *I've got dibs on the last piece of pizza!* / O último pedaço de pizza é meu! Ninguém toca!

dicey *adj* imprevisível, arriscado, indefinido. *The weather looks a bit dicey for a picnic today!* / O tempo está meio imprevisível para um piquenique hoje!

dick *s* **1** detetive. *She hired a dick to follow him.* / Ela contratou um detetive para segui-lo. **2** *vulg* pênis, pinto. *He pulled out his dick and showed it to the public.* / Ele pôs o pinto pra fora e mostrou para o público! **3** *vulg* idiota, imbecil, babaca, tonto. *Who's the dick who took my cell phone?* / Quem foi o idiota que pegou o meu celular? **4** *vulg* nada, coisa alguma, porcaria nenhuma, porra nenhuma. *You don't know dick about computers!* / Você não entende porra nenhuma de computadores!

dick / dick all *s Can vulg* nada, coisa alguma, porra nenhuma, porcaria nenhuma. *He does dick all around the house!* / Ele não faz porra nenhuma em casa!

dickhead *s vulg* idiota, imbecil, babaca, tonto. *Who's the dickhead who turned off the computer?* / Quem foi o idiota que desligou o computador?

diddle *v* **1** *vulg* masturbar-se ou masturbar alguém. *He diddled her in the cinema.* / Ele a masturbou no cinema. **2** *vulg* fazer sexo, transar, comer alguém. *Did you diddle her?* / Você comeu ela? **3** enganar, trapacear, sacanear alguém. *A hundred bucks for this? Are you trying to diddle me?* / Cem contos por isso? Você está querendo me sacanear? **4** brincar, mexer, fuçar em algo. *Stop diddling with my watch!* / Pare de fuçar no meu relógio!

diddly-shit / diddly-squat *s vulg* nada, coisa alguma, porcaria nenhuma, porra nenhuma. *I don't give a diddly-shit what you think!* / Eu não dou a mínima para o que você pensa! • *adj* inútil, porcaria, de merda. *Why don't you sell that diddly-squat car?* / Por que você não vende essa merda desse carro?

diff (abreviação de *difference*) *s* diferença. *So, what's the diff?* / E aí, qual é a diferença?

dig *v* **1** entender. *Can you dig what he's saying?* / Você entende o que ele está falando? **2** gostar, apreciar, curtir. *I really dig Cuban music.* / Eu curto muito música cubana.

digits *s* número de telefone. *Do you have her digits?* / Você tem o número do telefone dela?

digs *s* moradia, casa. *Have you seen his new digs?* / Você viu a nova casa dele?

dike *s pej* mulher homossexual, lésbica, sapatão. *Do you think Sally is a dike?* / Você acha que a Sally é sapatão?

dildo *s* **1** pênis artificial, pinto de borracha. *The girls were playing with a dildo.* / As garotas estavam brincando com um pinto de borracha. **2** idiota, imbecil, babaca, tonto. *Adam acts like a dildo sometimes!* / O Adam age como um imbecil às vezes!

dilly *s* algo excelente, uma joia, uma maravilha. *She gave a dilly of a presentation.* / A apresentação que ela fez foi uma maravilha.

dilly-dally *v* desperdiçar ou perder tempo, ficar à toa, vagabundar. *Stop dilly-dallying and do something!* / Pare de vagabundar e faça alguma coisa!

dim *adj* pessoa de pouca inteligência, burro, tapado, lerdo. *Dave's too dim to understand the book!* / O Dave é muito tapado para entender esse livro!

dime store *s* loja de mercadoria barata, loja de 1,99. *She bought it at the dime store.* / Ela comprou isso numa loja de 1,99.

dimebag / dimesack *s Amer* pacote de maconha de 10 dólares. *They bought a dimebag for the party.* / Eles compraram um pacote de maconha para a festa.

dimwit *s* idiota, imbecil, babaca, tonto. *Why don't you read the manual first, dimwit!* / Por que você não lê o manual primeiro, seu tonto!

dinero (do espanhol) *s* dinheiro, grana. *I haven't got any dinero.* / Eu estou sem grana.

ding *s* pequeno amassado (veículo). *There's a little ding on the side of the car.* / Tem um pequeno amassado na lateral do carro. • *v* amassar (veículo). *I dinged the car trying to park this morning.* / Eu amassei o carro tentando estacionar hoje cedo.

ding-dong *s* idiota, imbecil, babaca, tonto. *You're such a ding-dong!* / Você é tão babaca!

dinghead *s* idiota, imbecil, babaca, tonto. *The dinghead scratched my car!* / O idiota arranhou o meu carro!

dingleberry *V dangleberry.*

dingus *s vulg* idiota, imbecil, babaca, tonto. *My boss is a real dingus!* / O meu chefe é um verdadeiro babaca!

dink *s vulg* pênis, pinto, pau. *Are you going to wear that ridiculous little bathingsuit? You can almost see your dink in it!* / Você vai usar essa sunguinha ridícula? Dá quase para ver o seu pinto nela!

dink / D.I.N.K. (acrônimo de *double income, no kids*) *s* casal com duas rendas familiares e nenhum filho. *Joanna and Mark are dinks. They put their careers ahead of having kids.* / A Joanna e o Mark são um casal sem filhos. Eles valorizam mais a carreira do que ter filhos.

dinky *adj* pequeno, minúsculo, in-

dinosaur significante. *They live in a dinky little apartment.* / Eles moram num apartamento minúsculo.

dinosaur *s* algo muito antigo, ultrapassado, desatualizado. *My computer is a dinosaur! I can't even log on to the internet!* / O meu computador é muito ultrapassado! Eu não consigo nem acessar a internet!

dip *s* **1** mergulho, nadada. *How about a dip in the pool?* / Que tal um mergulho na piscina? **2** idiota, imbecil, babaca, tonto. *Don't be such a dip!* / Não seja tonto!

dippy *adj* louco, maluco, doido. *He may be a bit dippy, but he's a nice guy.* / Ele pode ser meio maluco, mas é um cara legal.

dipshit *s vulg* idiota, imbecil, babaca, tonto. *Why does he act like a dipshit all the time?* / Por que ele age como um idiota o tempo todo?

dipstick *s* idiota, imbecil, babaca, tonto. *What dipstick left the door open?* / Quem foi o idiota que deixou a porta aberta?

dirt *s* **1** pessoa desprezível, canalha, escroto. *He left his wife and kids. The guy is dirt!* / Ele abandonou a mulher e os filhos. O cara é um escroto! **2** escândalo, sujeira, sacanagem. *The press is certain to dig up some dirt on the presidential candidates.* / A imprensa com certeza vai encontrar alguma sujeira na vida dos candidatos a presidente.

dirt cheap *adj* muito barato, superbarato. *Clothes are dirt cheap in this store.* / As roupas são superbaratas nessa loja.

dirtbag *s* pessoa desprezível, canalha, escroto. *Who let that dirtbag in?* / Quem deixou aquele escroto entrar aqui?

dirty *adj* **1** obsceno, pornográfico, indecente, sujo. *He's got a dirty mind.* / Ele tem uma mente suja. *He likes to read dirty magazines.* / Ele gosta de ler revistas pornôs. **2** trapaceiro, baixo, sacana. *That was a dirty trick!* / Isso foi golpe baixo! **3** ilegal, fora da lei, envolvido com coisa errada. *The cops suspected Steve was dirty.* / Os policiais suspeitavam de que o Steve estava envolvido com coisa errada.

dis / diss (abreviação de *disrespect*) *s* desrespeito, insulto, desaforo. *Don't give me diss, man!* / Não me venha com desaforo, cara! • *v* desrespeitar, insultar, tirar alguém. *You dissing me, dude?* / Você está me tirando, mano?

dish *s Brit* pessoa bonita e atraente, pão, gato, gata. *Who's that dish?* / Quem é aquela gata? *Isn't he a dish?* / Ele não é um pão?

dishy *adj Brit* atraente, sexy. *I don't think Sandra is that dishy.* / Eu não acho que a Sandra é tão atraente assim.

ditch *v* **1** jogar fora, largar, livrar-se de alguém ou algo. *He ditched his girlfriend.* / Ele largou a namorada. **2** cabular, matar (aula, compromisso). *It's the third time he's ditched class this week.* / É a terceira vez que ele cabula aula esta semana.

dither — do-gooder

dither *v* hesitar, enrolar. *Quit dithering and tell me what you think of my new dress!* / Pare de enrolar e fala logo o que você acha do meu vestido novo!

ditz / ditzo *s* idiota, imbecil, babaca, tonto. *You left the milk out all night, ditzo!* / Você deixou o leite fora da geladeira a noite toda, seu tonto!

dive *s* bar, boteco (de má qualidade). *We had a few beers at a dive downtown.* / Nós tomamos umas cervejas num boteco no centro da cidade.

divvy / divvy up (derivação de *divide*) *v* dividir, parcelar, rachar. *Let's divvy the money right now.* / Vamos rachar a grana agora.

DL *V down low.*

do *s* evento social, festa. *We went to a big do at the Grand Hotel.* / Nós fomos a uma grande festa no Grand Hotel.

doddle *s Brit* algo fácil, moleza, bico. *That's a doddle! Anyone can do that!* / Isso é moleza! Qualquer um consegue fazer isso!

dodgy *adj Brit* suspeito, arriscado, perigoso. *That neighborhood is a bit dodgy.* / Esse bairro é meio perigoso.

dog (derivação de *hot dog*) *s* **1** cachorro-quente. *We had a dog at the stadium.* / Nós comemos um cachorro-quente no estádio. **2** mulher feia, mocreia, baranga, tribufu, canhão, bruaca, jaburu. *She's not beautiful, but she's no dog, either.* / Ela não é bonita, mas também não é nenhuma mocreia.

dog meat *s* cadáver, homem morto, presunto, adubo (geralmente usado em contexto de ameaças). *If I catch you around here again, you're dog meat!* / Se eu te pegar aqui de novo, você é um homem morto!

dog-doo / doggy-doo *s* cocô de cachorro. *You just stepped in doggy-doo!* / Você pisou em cocô de cachorro!

dog-eat-dog *adj* cruel, competitivo, impiedoso (situação, vida). *It's dog-eat-dog in this company.* / A competição é cruel nesta empresa.

doggy bag *s* saco ou recipiente, fornecido em restaurantes, para colocar restante de comida e levar para comer em casa. *We took the rest of the pizza home in a doggy bag.* / Nós levamos o restante da pizza num recipiente para comer em casa.

doggy-style *adj* posição sexual em que um dos parceiros fica de quatro, posição de cachorrinho. *She likes it doggy-style.* / Ela gosta da posição de cachorrinho.

do-gooder *s* pessoa que está sempre tentando ajudar os outros (geralmente usado em tom irônico), bom samaritano. *What's that do-gooder George up to now? Saving the whales?* / O que o bom samaritano do George está fazendo agora? Salvando as baleias?

doll *s* mulher ou garota atraente, bonita, gata. *Who was the doll I saw you with at the party?* / Quem era a gata com quem eu te vi na festa?

dong *s* pênis, pinto, pau. *He's got a pretty small dong.* / Ele tem um pinto bem pequeno.

donkey's years *s* longo período de tempo, tempão, séculos. *I haven't heard that song in donkey's years!* / Eu não escuto essa música há um tempão!

doobie *s* cigarro de maconha, baseado. *Where did you get that doobie?* / Onde você arrumou esse baseado?

doobry *s* palavra usada para se referir a algo cujo nome não se sabe ou não se lembra; negócio, treco, troço. *What's that doobry for?* / Para que serve esse treco?

doo-doo *s* fezes, cocô. *The garden is full of dog doo-doo.* / O jardim está cheio de cocô de cachorro.

doofus *s* idiota, imbecil, babaca, tonto. *The doofus managed to lock the keys in the car!* / O imbecil conseguiu trancar as chaves dentro do carro!

doormat *s* pessoa que aceita humilhações e desmandos sem reclamar; capacho. *I'm tired of being a doormat!* / Eu estou cansado de ser um capacho!

dope *s* **1** droga (geralmente maconha). *They found some dope in his car.* / Eles encontraram droga no carro dele. **2** idiota, imbecil, babaca, tonto. *The dope forgot to lock the car and someone took the radio!* / O idiota esqueceu de trancar o carro e alguém levou o som! **3** informação, parada. *What's the dope on Mark?* / Qual é a parada sobre o Mark?

dork *s* **1** idiota, imbecil, babaca, tonto. *Your brother can be a real dork sometimes!* / Seu irmão é bem tonto às vezes! **2** pênis, pinto, pau. *He pulled out his dork in front of everyone.* / Ele pôs o pinto para fora na frente de todo mundo.

dorky *adj* estranho, esquisito, cafona, brega. *She wears these really dorky clothes all the time.* / Ela usa umas roupas cafonas o tempo todo.

dorm (abreviação de *dormitory*) *s* dormitório, alojamento (geralmente em escola, internato ou universidade). *You can't bring girls to the dorm after 10 pm.* / Você não pode trazer garotas para o alojamento depois das 10 da noite.

dosh *s* dinheiro, grana. *Diane's family has a lot of dosh.* / A família da Diana tem muita grana.

double cross *v* enganar, trapacear, sacanear alguém. *He tried to double cross the mob and ended up dead.* / Ele tentou sacanear os mafiosos e acabou morto.

dough *s* dinheiro, grana. *Fifty thousand dollars is a lot of dough for a motorcycle!* / Cinquenta mil dólares é muita grana para uma moto!

dough head *s* idiota, imbecil, babaca, tonto. *Don't be such a dough head!* / Não seja tonto!

down *v* **1** comer ou beber rapidamente, engolir. *He downed his hamburguer and left.* / Ele engoliu o hambúrguer e saiu. **2** derrubar alguém (geralmente em luta). *He downed his opponent with a kick.* / Ele derrubou o oponente dele com um chute. • *adj* **1** deprimido, triste, pra baixo. *She's kind of down today.* / Ela está meio pra baixo hoje. **2** inoperante, parado, quebrado, fora do ar (máquina, rede de computadores, internet etc.). *The system is down at the moment. Try again later.* / O sistema está fora do ar no momento. Tente novamente mais tarde. **3** em desvantagem, atrás no marcador (jogo). *We're down five points.* / Nós estamos com cinco pontos de desvantagem. **4** pronto, feito, terminado. *I've got two exams down and three to go.* / Eu tenho dois exames feitos e três para fazer. **5** aprendido, memorizado, na cabeça. *I've got all the instructions down.* / Eu tenho todas as instruções na cabeça.

down low *s* informação, situação, parada. *What's the down low?* / Qual é a parada?

down under *s* Austrália e/ou Nova Zelândia. *Have you ever been down under?* / Você já esteve na Austrália?

downbeat *adj* tranquilo, sereno, sossegado. *She's always been sort of downbeat.* / Ela sempre foi tranquila.

downer *s* **1** tranquilizante (droga). *His doctor has him on downers.* / O médico aplicou um tranquilizante nele. **2** situação deprimente, decepção, zica, azar. *I heard you didn't get the job. What a downer!* / Fiquei sabendo que você não conseguiu o emprego. Que azar!

drag *s* **1** algo monótono, chatice, porre. *What a drag! Let's do something more interesting!* / Que chatice! Vamos fazer algo mais interessante! **2** pessoa chata, pé no saco, pentelho. *Jordan is such a drag sometimes!* / O Jordan é um pé no saco às vezes! **3** roupa de mulher (vestida por homem). *Check out the guy in drag!* Olha só o cara vestido com roupa de mulher! **4** trago (cigarro, charuto). *He took a drag and coughed.* / Ele deu um trago e tossiu. • *v* tirar racha (de carro). *He used to drag everyone on the highway before he lost his license.* / Ele costumava tirar racha com todo mundo na estrada antes de perder a carteira de motorista.

drag queen *s* homem que se veste de mulher, travesti. *The bar was full of drag queens.* / O bar estava cheio de travestis.

dreamboat *s* namorado ideal. *He's nice, I suppose, but hardly a dreamboat!* / Ele é legal, eu imagino, mas não é o namorado ideal!

drink *s* (usado com o artigo *the*) água do oceano, rio, lago etc. *Be careful or you'll fall in the drink!* / Tome cuidado ou você vai cair na água!

drip *s* pessoa monótona e pouco interessante, chato, porre. *George is a total drip at these parties.* / O George é um verdadeiro porre nestas festas.

drop *v* **1** matar, apagar alguém. *The police dropped him when he tried to run.* / A polícia o matou quando ele tentou correr. **2** derrubar, nocautear alguém. *Dave dropped the guy with a punch.* / O Dave derrubou o cara com um soco.

drop it *interj* esqueça, deixe para lá. *Drop it! I don't want to talk about it!* / Esqueça! Eu não quero falar sobre isso!

drop out *v* **1** deixar a vida convencional, abandonar a rotina, mudar de vida. *Don't you feel like dropping out and living on a sailboat sometimes?* / Você não tem vontade de mudar de vida e morar num veleiro às vezes? **2** abandonar os estudos, sair da escola. *He dropped out of school when he was 16.* / Ele abandonou os estudos quando tinha 16 anos.

drop-out *s* pessoa que abandou os estudos. *Doug is a drop-out. He'll never get a decent job.* / O Doug é um cara que abandonou os estudos. Ele nunca vai conseguir um emprego decente.

drug lord *s* traficante grande. *The big drug lords never get caught.* / Os grandes traficantes nunca são pegos.

druggie / druggy *s* viciado, drogado, noia. *There are too many druggies around here.* / Tem muitos noias por aqui.

dry *adj* sóbrio, em abstinência, sem beber bebida alcoólica. *Is it true that Joe is dry?* / É verdade que o Joe deu um tempo com a bebida?

dud *s* falha, fracasso, negação, fiasco. *The play was a complete dud.* / A peça foi um fiasco total.

dude *s* amigo, cara, camarada, mano, chegado, truta, maluco. *What's up, dude?* / E aí, truta? *Who's the dude in the car?* / Quem é o maluco no carro? • *adj* ótimo, excelente, da hora, incrível, animal. *Her performance was dude!* / A apresentação dela foi animal!

duds *s Amer* roupa ou roupas. *Nice duds! Are you going to a party?* / Bela roupa! Você vai a alguma festa?

duff *s* nádegas, bunda, traseiro. *Why don't you get off your duff and do something?* / Por que você não levanta essa bunda do lugar e faz alguma coisa?

duffer *s* idiota, imbecil, babaca, tonto. *The duffer never gets my name right!* / O tonto nunca acerta o meu nome!

duffis *V doofus*.

duh *interj* é óbvio, né?! *'Are you talking to me?' 'Duh! Who did you think I was talking to?'* / 'Você está falando comigo?' 'É óbvio, né?! Com quem você achou que eu estava falando?'

dumbass / **dumb-ass** *s vulg* idiota, imbecil, babaca, tonto. *They finally fired the dumbass.* / Eles finalmente demitiram o idiota. • *adj* idiota, imbecil, babaca, tonto. *What a dumb-ass idea!* / Que ideia mais imbecil!

dummy *s* idiota, imbecil, babaca, tonto. *She failed the test again! What a dummy!* / Ela reprovou no teste novamente! Que tonta!

dump *s* estabelecimento de baixa reputação, espelunca. *I'm not going to eat in a dump like this!* / Eu não vou comer numa espelunca como esta!

dupe *s* **1** pessoa fácil de enganar, otário, trouxa, pato. *The dupe believed every word I told him!* / O otário acreditou em tudo o que eu disse a ele! **2** algo falsificado, cópia, réplica. *It turns out the painting was a dupe.* / No final das contas, o quadro era falso. • *v* enganar, trapacear, sacanear alguém. *Of course he was trying to dupe you!* / É claro que ele estava tentando te enganar!

dust *s* droga em pó (heroína, cocaína). *Police found a kilo of dust in his apartment.* / A polícia encontrou um quilo de cocaína no apartamento dele. • *v* matar, apagar alguém. *They dusted him because he knew too much.* / Eles o mataram porque ele sabia demais.

dust-up *s* briga, pancadaria. *I've never seen a dust-up like that!* / Eu nunca vi uma briga como essa!

Dutch courage *s* bebida para dar coragem para fazer algo, dose. *How about a little Dutch courage before the meeting?* / Que tal uma dose para dar coragem antes da reunião?

dweeb *s* estudante assíduo, CDF. *Carl is a real dweeb! The guy studies day and night!* / O Carl é um verdadeiro CDF! O cara estuda dia e noite!

dyke *V dike.*

dynamite *adj* ótimo, excelente, da hora, incrível, animal. *The show was dynamite!* / O show foi animal!

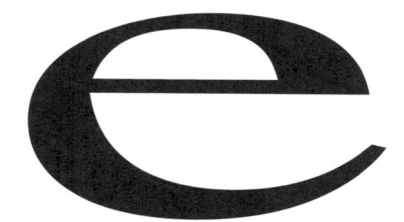

ear bashing *s Brit* repreensão, sermão, bronca. *She gave me an ear bashing for arriving late.* / Ela me deu uma bronca por ter chegado atrasado.

easy *adj* fácil de se lidar ou agradar, flexível. *I don't care where we go for dinner. I'm easy.* / Eu não me importo aonde nós vamos jantar. Eu sou flexível.

easy make *s* pessoa fácil de levar para a cama. *She's an easy make.* / Ela é uma mulher fácil.

easy street *s* situação financeira boa e independente, vida boa, vida feita. *When I retire, I'll be on easy street.* / Quando eu me aposentar, eu vou estar com a vida feita.

eat *v* (geralmente usado no gerúndio) incomodar ou preocupar alguém. *What's eating you, Tom?* / O que está te preocupando, Tom?

eat / eat out *v vulg* fazer sexo oral. *He eats her out in one of the scenes.* / Ele faz sexo oral nela em uma das cenas.

eat shit *interj vulg* vá se foder, vá tomar no cu. *'I hated your presentation in class today!' 'Oh yeah? Well, eat shit!'* / 'Eu detestei a sua apresentação na aula hoje!' 'É mesmo? Então, vá tomar no cu!'

eating irons *s Brit* talheres. *The eating irons are in the top drawer.* / Os talheres ficam na gaveta de cima.

eddress *s* endereço eletrônico (na internet). *What's your eddress?* / Qual é o seu endereço eletrônico?

edgy *adj* nervoso, ansioso, agitado. *Greg is edgy about the game.* / O Greg está nervoso por causa do jogo.

eff off *interj* (alternativa menos ofensiva do que *fuck off*) cai fora, vaza daqui. *Eff off! Can't you see I'm studying?* / Cai fora! Você não vê que eu estou estudando?

effing *adv* (alternativa menos ofensiva do que *fucking*) completamente, totalmente, do cacete, pra cacete. *That's an effing stupid*

egg *s* **1** pessoa, cidadão, camarada, sujeito. *Morris is a good egg.* / O Morris é um sujeito decente. **2** testículo, saco. *He got kicked in the eggs.* / Ele levou um chute no saco.

egghead *s* pessoa intelectual, cientista. *Charles is an egghead.* / O Charles é um intelectual.

ego trip *s* comportamento que satisfaz o próprio ego, deslumbramento, atitude cheia de si. *He's been on an ego trip since the boss asked him to head the project.* / Ele anda num deslumbramento desde que o chefe lhe pediu para comandar o projeto.

ego tripper *s* pessoa que se considera superior ou mais importante do que as outras, convencido, cheio de si. *Don't pay any attention to him! The guy is an ego tripper!* / Não ligue para ele! O cara é um convencido!

el cheapo *s* produto barato ou o mais barato. *I always buy the el cheapos.* / Eu sempre compro os produtos mais baratos. • *adj* barato. *Do you have the el cheapo model?* / Você tem o modelo barato?

elbow-grease / elbow grease *s* esforço físico, trabalho braçal (limpeza, conserto). *A little elbow grease and this kitchen will look like new!* / Um pouco de trabalho braçal e esta cozinha vai parecer nova!

emo *s* banda que toca ou pessoa que curte um estilo de rock emocional, emo. *'Embrace' and 'Rites of Spring' are considered the first emo bands.* / Os 'Embrace' e os 'Rites of Spring' são consideradas as primeiras bandas *emo*. • *adj* (abreviação de *emotional*) emocional, sensível. *Come on, don't be so emo!* / Para com isso, não seja tão sensível!

eppy (derivação de *epileptic fit*) *s Brit* ataque, chilique. *She'll have an eppy when she sees this!* / Ela vai ter um ataque quando vir isso!

erase *v* matar, apagar, dar um sumiço em alguém. *Jack gave orders to erase her.* / O Jack deu ordens para apagá-la.

even-steven *adj* igual, empatado, quites. *Here's the 10 bucks I owe you. Now we're even-steven.* / Aqui estão os dez contos que eu te devo. Agora estamos quites.

evil *adj* ótimo, excelente, da hora, incrível, animal. *That bike is really evil!* / Essa moto é animal!

ex *s* ex (marido, mulher, namorado, namorada). *Isn't that your ex over there?* / Aquela não é a sua ex?

ex-con (abreviação de *ex-convict*) *s* ex-presidiário. *It's hard for an ex-con to find a job.* / É difícil para um ex-presidiário arranjar emprego.

expat (abreviação de *expatriate*) *s* pessoa que reside fora do país de origem. *The tax laws don't apply to expats.* / As leis de impostos não se aplicam às pessoas que residem fora do país.

eyeball *v* **1** olhar fixamente, olhar com os olhos arregalados, encarar. *He eyeballed us without saying a word.* / Ele encarou a gente sem dizer uma palavra. **2** calcular por cima. *The recipe calls for 2 cups of flour, but I just eyeball it.* / A receita pede 2 xícaras de farinha, mas eu calculo por cima.

eyeful *s* olhada, sacada. *Get an eyeful of that girl on the dance floor!* / Dá uma olhada naquela garota na pista de dança!

eye-popper *s* **1** algo surpreendente ou incrível. *His story is quite an eye-popper.* / A história dele é incrível. **2** mulher linda, estonteante, gostosa. *Shirley is an eye-popper!* / A Shirley é uma mulher estonteante!

eyetie *s pej* italiano (pessoa). *She married an eyetie.* / Ela se casou com um italiano.

f

fab (abreviação de *fabulous*) *adj* fabuloso, maravilhoso. *Thanks for the fab dinner.* / Obrigado pelo jantar fabuloso.

face-off *s* confronto direto, bate-boca. *Sandra had a face-off with her boss this morning.* / A Sandra teve um bate-boca com o chefe dela hoje cedo.

fag *s* **1** *pej* homossexual (homem), gay, veado, bicha, boiola. *I didn't know Frank was a fag.* / Eu não sabia que o Frank era veado. **2** *Brit* cigarro. *Can you give me a fag?* / Você pode me arrumar um cigarro?

fag / **faggot** *s pej* homossexual (homem), gay, veado, bicha, boiola. *Why do you hang around with that faggot?* / Por que você anda por aí com aquele boiola?

fagged *adj* cansado, exausto, só o pó. *I'm utterly fagged!* / Eu estou só o pó!

fairy *s pej* homossexual (homem), gay, veado, bicha, boiola. *You keep dressing like that and people will start calling you a fairy!* / Se você continuar se vestindo desse jeito, as pessoas vão começar a te chamar de veado!

fall guy *s* pessoa que recebe a culpa por algo que não fez, bode expiatório. *After screwing up, the manager needed a fall guy and fired Robert.* / Depois de fazer a cagada, o gerente precisava de um bode expiatório e demitiu o Robert.

family jewels *s* testículos, bolas, saco. *She gave him a kick in the family jewels.* / Ela deu um chute nas bolas dele.

fancy *v Brit* desejar, querer, gostar, estar a fim de alguém ou algo. *Do you fancy a cup of tea?* / Você quer uma xícara de chá? *I didn't know you fancied Nancy.* / Eu não sabia que você estava a fim da Nancy.

fanny *s Brit* nádegas, bunda, traseiro. *The new secretary has a nice fanny!* / A nova secretária tem um belo traseiro!

fanny pack *s* bolsa com zíper usada no cinto, pochete. *What do* *you carry in that fanny pack of yours?* / O que você carrega nessa sua pochete?

far out *adj* ótimo, excelente, da hora, incrível, animal. *She was driving this far out sports car.* / Ela estava dirigindo um carro esportivo da hora. • *interj* ótimo, bacana, legal, da hora. *Far out! I've just got an e-mail from a friend in Italy!* / Da hora! Acabei de receber um e-mail de um amigo meu na Itália!

fart *s vulg* **1** peido, pum. *Was that a fart?* / Isso foi um peido? **2** homem idoso, velhote. *Who's the old fart talking to Sue?* / Quem é aquele velhote conversando com a Sue? • *v* peidar, soltar um pum. *What a stink! Who farted?* / Que fedor! Quem foi que peidou?

fart knocker *s vulg pej* homossexual (homem), gay, veado, bicha, boiola. *I've always thought professor Brown was a fart knocker.* / Eu sempre achei que o professor Brown era bicha.

fat chance *interj* não vai dar, sem chance. *'Can you work this Saturday?' 'Fat chance! I've got a wedding.'* / 'Dá para você trabalhar neste sábado?' 'Sem chance! Eu tenho um casamento para ir.'

fatass / **fat-ass** *s Amer vulg pej* pessoa obesa, gordo, gorducho, balofo, baleia. *Get out of the way, fatass!* / Sai da frente, gorducho!

fathead / **fat head** *s* idiota, imbecil, babaca, tonto. *Who is the fat head who left the fridge door open again?* / Quem foi o babaca que deixou a porta da geladeira aberta novamente?

fatso *s pej* pessoa obesa, gordo, gorducho, balofo, baleia. *She's thin now, but they used to call her fatso at school.* / Ela é magrinha agora, mas eles a chamavam de baleia na escola.

fave (derivação de *favorite*) *s* favorito, predileto. *What's your fave TV program?* / Qual é o seu programa de TV favorito?

fed / **federal** *s Amer* agente da polícia federal. *A fed was around this morning asking questions.* / Um agente federal esteve por aqui hoje de manhã fazendo perguntas.

femdom (derivação de *female domination*) *s* movimento de dominação feminina, movimento feminista. *She's into femdom at the moment.* / Ela está envolvida com o movimento feminista no momento.

fender-bender *s* pequeno acidente de carro. *I had a little fender-bender on the way to work this morning.* / Eu tive um pequeno acidente no trânsito a caminho do serviço hoje de manhã.

fib *s* mentira. *That sounds like a fib to me.* / Isso parece mentira para mim. • *v* mentir. *Tell me what happened and don't fib!* / Diga-me o que aconteceu e não minta!

filch *v* roubar, passar a mão em algo. *Don't leave your bike lying around or someone will filch it.* / Não deixe sua bicicleta jogada

filth / **flaky**

por aí ou alguém vai passar a mão nela.

filth *s pej* polícia. *Keep it down or someone will call the filth!* / Silêncio ou alguém vai chamar a polícia!

f-ing *V effing.*

finger *s* gesto obsceno com o dedo do meio. *Chris gave the teacher the finger.* / O Chris mostrou o dedo do meio para a professora. • *v* informar as autoridades sobre o que alguém fez de errado, dedar, entregar. *Mike fingered the others when the police questioned him.* / O Mike dedou os comparsas quando a polícia o interrogou. **2** *vulg* estimular o clitóris com o dedo, masturbar (mulher). *He was fingering her on the backseat.* / Ele a estava masturbando no banco de trás do carro.

fingerfuck *v vulg* estimular a vagina ou o ânus com os dedos. *She likes to be fingerfucked.* / Ela gosta de ser estimulada com os dedos.

fink *s* **1** mau-caráter. *He's a real fink to fire you!* / Ele é um mau--caráter por ter te demitido! **2** informante da polícia. *He's a fink. I saw him talking to the police.* / Ele é um informante. Eu o vi conversando com os policiais. • *v* informar às autoridades sobre o que alguém fez de errado, dedar, entregar. *Don't worry. I won't fink on you.* / Não se preocupe. Eu não vou dedar você.

fishy *adj* duvidoso, suspeito, estranho. *There's something fishy about her story.* / Tem alguma coisa suspeita na história dela.

fit *adj Brit* **1** sexualmente atraente, gostoso, sexy. *She's fit, mate. Just look at her!* / Ela é gostosa, cara. Dá uma olhada nela! **2** preparado, pronto. *The meeting is about to start. Are you fit?* / A reunião já vai começar. Você está pronto?

five finger discount *s* ato de roubar algo numa loja, ato de passar a mão em algo. *I got this chocolate bar at a five finger discount.* / Eu passei a mão nesta barra de chocolate.

fix *s* **1** solução (de problema). *The boss wants a fix by tomorrow morning.* / O chefe quer uma solução até amanhã de manhã. **2** dose de droga (termo geralmente usado para heroína). *Man, I need a fix!* / Cara, eu preciso de uma dose! • *v* **1** fraudar ou manipular o resultado de algo. *The elections were fixed.* / A eleição foi fraudada. **2** castrar ou esterilizar animal de estimação. *I got the cat fixed.* / Eu mandei castrar o gato.

flake *s* pessoa imprevisível, não confiável ou esquisita. *Wendy is a bit of a flake, but I wouldn't say she's unbalanced.* / A Wendy é meio esquisita, mas eu não diria que ela é desequilibrada.

flaky *adj* **1** esquisito, estranho, maluco. *Francine has this flaky plan to raise goats in the garden!* / A Francine tem um plano maluco de criar cabras no jardim! **2** imprevisível, não confiável. *The TV reception is flaky. Sometimes*

flame

it goes off the air for no reason. / A recepção de canal da TV é imprevisível. Às vezes ela sai do ar sem motivo.

flame s namorado, amante (geralmente temporário). *Carol is his latest flame, but it shouldn't last long!* / A Carol é a mais nova namorada dele, mas não deve durar muito! • v criticar ou insultar alguém na internet (e-mail, comunicador instantâneo, sala de bate-papo). *He was barred from the chatroom for flaming the other internauts.* / Ele foi barrado das salas de bate-papo por insultar os outros internautas.

flash s curto período de tempo, instantinho. *Wait here! I'll be back in a flash!* / Espere aqui! Eu volto num instantinho! • v 1 exibir o corpo nu em público. *They arrested an old man who was flashing people on the subway.* / Eles prenderam um senhor de idade que estava mostrando o corpo nu em público no metrô. 2 pensar ou lembrar rapidamente, surgir na cabeça. *When I saw her coming up the stairs, I flashed my aunt Mabel for a second.* / Quando eu a vi subindo as escadas, me veio a lembrança da minha tia Mabel na hora.

flashback s 1 lembrança que surge na cabeça subitamente. *Whenever I hear that song I have flashbacks to my high school days!* / Toda vez que eu ouço essa música me vêm lembranças da minha época de colégio! 2 efeito de droga, alucinação repentina. *They say that doing a lot of LSD can cause flashbacks.* / Eles dizem que usar muito LSD pode causar alucinações repentinas.

flash / flashy adj 1 ostentoso, vistoso, chamativo. *He has a flashy sports car.* / Ele tem um carro esportivo bem chamativo. 2 atraente, chamativo, colorido. *The carnival performers in Rio wear flashy costumes.* / Os carnavalescos no Rio usam fantasias bem coloridas.

flasher s pessoa que exibe o corpo nu em público, exibicionista. *See the guy with the long coat and bare feet? I'll bet he's a flasher!* / Tá vendo aquele cara com um casaco grande e pés descalços? Aposto que ele é um daqueles que exibem o corpo nu em público!

flat broke adj completamente sem dinheiro, duro, liso. *I'm flat broke.* / Eu estou liso.

fleabag s 1 animal cheio de pulgas ou malcuidado, pulguento (cachorro ou gato). *Doesn't that fleabag have a home?* / Esse pulguento não tem casa? 2 pessoa suja, maltrapilho. *I refuse to sit beside that fleabag! The guy stinks!* / Eu me recuso a me sentar ao lado desse maltrapilho! O cara está fedendo! 3 hotel ou moradia muito suja, espelunca. *You should see the fleabag he's living in! It's disgusting!* / Você deveria ver a espelunca onde ele está morando! É horrível!

flick s filme, vídeo. *I think I'll stay in and catch a flick on TV tonight.* / Eu acho que vou ficar em casa e ver um filme na TV hoje à noite.

flicks *s Brit* (usado com o artigo *the*) cinema. *Feel like going to the flicks tonight?* / Você está a fim de ir ao cinema hoje à noite?

flip / flip out *v* **1** ficar furioso, ficar puto. *I flipped out when I saw the bill.* / Eu fiquei puto quando vi a conta. **2** reagir entusiasmadamente, explodir de emoção, pular de alegria. *Martha flipped when she saw the present!* / A Martha pulou de alegria quando viu o presente!

flip-flop *s* chinelo de dedo, sandália Havaianas. *Flip-flops are coming back into fashion in the States.* / As sandálias Havaianas estão voltando à moda nos Estados Unidos. • *v* oscilar entre posições ou ideias, ficar indeciso entre duas ou mais opções. *She's been flip-flopping all week on whether to take the job offer.* / Ela está na dúvida a semana toda sem saber se aceita ou não a oferta de emprego.

flip side *s* consequência negativa ou positiva (ideia, decisão, proposta), o outro lado de algo. *If I take the job, I'll make more money. The flip side is, I'll have to work longer hours.* / Se eu aceitar o emprego, eu vou ganhar mais. Mas por outro lado, vou ter que trabalhar mais horas.

floater *s* **1** cadáver achado boiando na água (rio, lago, piscina etc.). *Police found a floater this morning and are trying to identify the body.* / A polícia encontrou um cadáver boiando na água esta manhã e está tentando identificar o corpo. **2** pessoa sem cargo fixo que substitui funcionários ausentes numa empresa, empregado temporário. *Fred was a floater here for six months before they gave him a job.* / O Fred foi funcionário temporário aqui por seis meses antes de eles o efetivarem. **3** fezes, cocô boiando no vaso sanitário. *My God! Who left that floater in the bathroom?* / Meu Deus! Quem deixou aquele cocô boiando no vaso?

flog *v* vender. *There's some guy at the door flogging magazine subscriptions.* / Tem um cara aí na porta vendendo assinaturas de revistas.

floozie / floozy *s* mulher promíscua ou vulgar, vagabunda, galinha. *You can't wear that! You look like a floozie!* / Você não pode usar isso! Está parecendo uma vagabunda!

flop *s* fracasso de vendas ou audiência (filme, livro, peça etc.). *His last movie was a flop.* / O último filme dele foi um fracasso. • *v* fracassar, ser um fracasso de vendas (filme, livro, peça etc.). *The book flopped completely.* / O livro foi um fracasso de vendas.

fluff *s* algo superficial ou sem consequência. *I wouldn't call the fluff he writes literature.* / Eu não chamaria de literatura as coisas superficiais que ele escreve.

fluke *s* algo improvável ou que acontece por acaso, coincidência. *My ex-wife stayed at the same hotel, which was an unfortunate fluke.* / Minha ex-mulher estava hospedada no mesmo hotel, o que foi uma infeliz coincidência.

flunk *v* **1** reprovar ou ser reprovado em prova ou avaliação escolar, levar bomba. *Dave flunked his math test.* / O Dave levou bomba no teste de matemática. *The teacher flunked half the class.* / A professora reprovou metade da sala. **2** reprovar ou repetir de ano na escola. *She flunked grade 8.* / Ela reprovou a 8ª série.

flush *adj* rico, cheio da grana. *Jeff's flush now that he's sold the house.* / O Jeff está cheio da grana agora que ele vendeu a casa.

flutter *s Brit* aposta (geralmente em corrida de cavalos). *I've got a flutter on a horse in today's race.* / Eu fiz uma aposta num cavalo na corrida de hoje.

f-off V *eff off*.

folding stuff *s* dinheiro, grana. *How much folding stuff do you have on you?* / Quanta grana você tem no bolso?

folks *s Amer* **1** gente, pessoal. *Listen up, folks! It's time to get back to work!* / Ouça, pessoal! É hora de voltar ao trabalho! **2** pais. *How are your folks?* / Como vão os seus pais?

footie (derivação de *football*) *s Brit* futebol. *There's footie on TV at 3 o'clock.* / Tem futebol na TV às 3 horas.

for keeps *adv* termo usado para dizer que algo foi dado para sempre. *You mean I can have your bike? For keeps?* / Você quer dizer que eu posso ficar com a sua bicicleta? Para sempre?

forty winks *s* sono, cochilo, soneca. *I need forty winks after a lunch like that.* / Eu preciso de um cochilo depois de um almoço como esse.

fox *s* mulher atraente, gata, gostosa. *The new French teacher is a real fox.* / A nova professora de francês é uma gata.

frat house (abreviação de *fraternity house*) *s Amer* dormitório ou alojamento universitário e organização cujos membros vivem, estudam e festejam juntos. *What frat house did you belong to when you were at university?* / A que alojamento você pertencia quando estava na universidade?

freak *s* **1** pessoa excêntrica, esquisita ou não conformista, figura estranha. *The guy next door is a freak. He never leaves his apartment.* / O vizinho do lado é uma figura estranha. Ele nunca sai do apartamento. **2** pessoa obcecada por algo, fanático. *George is a car freak. He owns about five or six cars.* / O George é fanático por carros. Ele tem uns cinco ou seis carros. *Sally is a neatness freak. You should see how tidy her house is.* / A Sally é obcecada por limpeza. Você deveria ver como a casa dela é bem arrumada.

freak / freak out *v* **1** perder o controle, ficar descontrolado. *She freaked out when she heard the news.* / Ela ficou descontrolada quando ouviu a notícia. **2** assustar, apavorar alguém. *I don't want to freak you out, but the police were here asking for you.* / Eu não quero te assustar, mas a polícia esteve aqui perguntando por você.

free ride *s* algo de graça ou à custa de alguém, moleza, melzinho na chupeta. *There's no free ride in this company!* / Não tem moleza nesta empresa!

freebee / freebie *s* algo gratuito, cortesia, brinde. *When we bought the car, they gave us the stereo as a freebie.* / Quando nós compramos o carro, eles nos deram o som como brinde.

freeload *v* viver à custa de outra pessoa. *Jill has been freeloading off her parents for years.* / A Jill vive à custa dos pais dela há anos.

freeloader *s* alguém que vive à custa de outra pessoa, folgado. *He's been staying at my apartment for a month and he hasn't offered to pay for anything, the freeloader!* / Ele está morando no meu apartamento há um mês e não se ofereceu para pagar nada, o folgado!

French *s* eufemismo para palavrão ou linguagem vulgar. *He's a real son of a bitch, excuse my French!* / Ele é um verdadeiro filho da puta, com perdão da palavra! • *v* beijar (com a boca aberta e com a língua). *It was just an innocent kiss. We weren't frenching or anything!* / Foi só um beijinho inocente. A gente não estava se beijando de verdade!

frigging *adj* (alternativa menos ofensiva do que *fucking*) maldito, filho da mãe. *This frigging rain is getting me down!* / Esta maldita chuva está me deixando deprimido! • *adv* totalmente, completamente. *He's frigging crazy!* / Ele está totalmente louco!

Frisco (abreviação de *San Francisco*, cidade na Califórnia) *s* São Francisco. *Trevor grew up in Frisco.* / O Trevor cresceu em São Francisco.

frog *s pej* francês (pessoa). *Paris was okay I guess, but the frogs were pretty unfriendly.* / Eu até achei Paris legal, mas os franceses foram bem antipáticos.

front *s* empresa que existe para legitimar atividades ilegais, negócio de fachada. *The camera store is really just a front for money laundering.* / A loja de câmeras é, na verdade, apenas um negócio de fachada para lavagem de dinheiro.

fruit *s pej* homossexual (homem), gay, veado, bicha, boiola. *Who's the fruit in the pink pants?* / Quem é a aquela bicha usando calça cor-de-rosa?

fruitcake *s* pessoa louca ou excêntrica, maluco, doido. *You keep talking to yourself and people will start calling you a fruitcake!* / Se você continuar a falar sozinho, as pessoas vão começar a chamá-lo de louco!

fubar *adj Amer* (acrônimo de *fucked up beyond all recognition* ou *fucked up beyond all repair*) arruinado, acabado, fodido. *Bill decided to leave the company before everything went completely fubar.* / O Bill decidiu deixar a empresa antes que tudo estivesse completamente arruinado.

fuck *s vulg* **1** ato de fazer sexo, transa, foda, trepada. *How about a fuck?* / Que tal uma trepada? **2** *pej* pessoa com quem se faz sexo, parceiro sexual. *Well, is she a good fuck?* / E aí, ela é boa de cama? **3** *pej* desgraçado, safado, canalha, filho da puta. *Just wait till I catch the fuck who did this!* / Espere até eu encontrar quem foi o filho da puta que fez isso! • *v vulg* **1** fazer sexo, transar, trepar, comer, foder alguém. *Did you fuck her?* / Você transou com ela? **2** enganar, roubar, trapacear, foder alguém. *The guy who sold me the car really fucked me!* / O cara que me vendeu o carro realmente me fodeu! **3** mexer, bagunçar, fuçar em algo. *If you keep fucking with the dials, you'll break the stereo!* / Se você continuar fuçando nos botões, você vai quebrar o aparelho de som! **4** desafiar, fazer gracinhas, encher o saco de alguém. *Don't fuck with me 'cause I'm not in the mood for games today!* / Não me enche o saco porque eu não estou para brincadeira hoje! • *adj vulg* ferrado, lascado, fodido. *If the boss finds out, I'm fucked!* / Se o chefe descobrir, eu estou fodido! • *interj vulg* puta, merda, cacete. *Fuck! Look at the time!* / Puta! Olha a hora!

fuck off *interj vulg* vá embora, cai fora, vá se foder. *Why don't you just fuck off and leave me alone?* / Por que você não vai se foder e me deixa em paz? *'You aren't invited to the party.' 'Fuck off! I didn't want to go anyway!'* / 'Você não foi convidado para a festa.' 'Vai se foder! Eu não queria ir mesmo!'

fuck over *v vulg* tirar proveito, trapacear, sacanear, foder alguém. *The guy who sold me the car really fucked me over.* / O cara que me vendeu o carro realmente me fodeu.

fuck up *v vulg* estragar, arruinar, acabar, foder com algo. *You really managed to fuck your marriage up, didn't you?* / Você realmente conseguiu foder com o seu casamento, não?

fuck you / fuck yourself *interj vulg* vá se danar, vá se foder, vá tomar no cu. *Fuck you! I don't give a damn who you are!* / Vá se foder! Eu não ligo a mínima para quem você é! *'I don't like your attitude!' 'Oh, yeah? Well, fuck yourself!'* / 'Eu não gosto do seu jeito!' 'Ah, é mesmo? Então vá se foder!'

fuckhead *s vulg* idiota, imbecil, babaca, tonto. *Who's the fuckhead who broke the chair?* / Quem foi o idiota que quebrou a cadeira?

fucking *adj vulg* (palavra enfática) maldito, desgraçado, filho da puta, porra. *I want that fucking report on my desk by 5 o'clock!* / Eu quero a porra do relatório na minha mesa até as 5 horas! • *adv vulg* (palavra enfática) totalmente, completamente, pra cacete.

fucknut

You're fucking crazy! / Você está completamente louco! *They have a fucking good pizza!* / Eles fazem uma pizza boa pra cacete!

fucknut (derivação de *fucking nutcase*) *s vulg* louco, maluco, doido. *There's some fucknut screaming in the street!* / Tem um doido gritando na rua!

fucktard (derivação de *fucking retard*) *s vulg* idiota, imbecil, babaca, débil mental. *What do you think you're doing, fucktard?* / O que você pensa que está fazendo, seu débil mental?

fuck-up / fuck up *s vulg* **1** pessoa que faz tudo errado, idiota, imbecil, babaca, tonto. *You stupid fuck-up! You just deleted the wrong file!* / Seu imbecil! Você deletou o arquivo errado! **2** erro, mancada, cagada. *One more fuck-up and you're fired!* / Mais uma cagada e você está demitido!

full blast *adj* no máximo, no último (volume), a toda velocidade, a todo vapor. *The radio was on full blast when we arrived.* / O som estava no último volume quando nós chegamos.

full monty *s Brit* tudo, tudo a que se tem direito, pacote completo. *We ordered soup, appetizer, main course, wine, dessert... the full monty!* / Nós pedimos uma sopa, entradas, o prato principal, vinho, sobremesa... tudo a que tínhamos direito!

funny farm *s* hospital ou internato psiquiátrico, hospício. *Poor aunt Betty spent her last years at the funny farm.* / A coitada da tia Betty passou os últimos anos da vida dela num hospital psiquiátrico.

funny money *s* dinheiro falso. *Remember to check the big bills. We don't want to end up with any funny money.* / Lembre-se de verificar as notas de maior valor. Nós não queremos pegar nenhuma nota falsa.

fuzz *s* polícia. *Keep it down or the neighbor will call the fuzz again!* / Mantenha o volume baixo ou o vizinho vai chamar a polícia novamente!

f-word *s* (eufemismo para a palavra *fuck*) palavrão. *Don't use the f-word in my house, young man!* / Não fale palavrão na minha casa, mocinho!

g

G (abreviação de *grand*) *s* mil (dólares, euros etc.). *It'll cost more than a G to fix the car.* / Vai custar mais de mil dólares para consertar o carro.

g'day (derivação de *good day*) *interj Austr* bom dia, boa tarde!. *G'day! Sleep well?* / Bom dia! Dormiu bem?

gab *s* conversa informal, bate-papo. *Cut the gab and get back to work!* / Chega de bate-papo e volte para o trabalho! • *v* conversar, jogar conversa fora, bater papo. *They've been gabbing for hours!* / Eles estão batendo papo há horas!

gaff *s Brit* moradia, casa, apartamento. *He spent the night at Sally's gaff.* / Ela passou a noite na casa da Sally.

gag *s* piada ou brincadeira. *Putting gum on her chair was a pretty childish gag.* / Colocar chicletes na cadeira dela foi uma brincadeira infantil!

gagging for it *adj vulg* com muita vontade de fazer sexo, louco para transar (mulher). *She was gagging for it!* / Ela estava louca para transar!

galoot *s* pessoa desajeitada, destrambelhado, abestalhado. *You spilled coffee on my shirt, you galoot!* / Você derramou café na minha camisa, seu destrambelhado!

game *adj* disposto, com vontade, a fim. *So, is anyone game for a beer?* / E aí, alguém está a fim de uma cerveja?

gander *s* olhada, sacada, vistoriada. *He went out to take a gander at the place.* / Ele saiu para dar uma olhada no lugar.

gang-bang *s vulg* sexo grupal, suruba. *There's a bizarre gang-bang scene in the film.* / Tem uma cena de uma suruba bizarra no filme.

gangsta (derivação de *gangster*) *s Amer* membro de gangue urbana, gângster, bandido. *The police are looking for the gangsta who killed the cop.* / A polícia está procurando o bandido que matou o policial.

ganja *s* maconha. *He was busted at the airport with a kilo of ganja.* / Ele foi preso no aeroporto com um quilo de maconha.

garbage mouth *s* pessoa que usa linguagem muito obscena, boca-suja. *Paul is such a garbage mouth!* / O Paul é um boca-suja!

gas *s* diversão, festa, curtição, barato. *The party was a gas!* / A festa foi um barato!

gas-guzzler *s Amer* carro grande que consome muito combustível, carro que bebe demais. *I traded the gas-guzzler in for an economy car.* / Eu troquei o meu carro que bebia demais por um carro econômico.

gear *adj Brit* ótimo, excelente, da hora, incrível, animal. *That car is gear!* / Esse carro é animal!

geek *s* **1** estudante assíduo, CDF. *Julian is a geek. Don't even invite him to the party!* / O Julian é um CDF. Nem convide ele para a festa! **2** especialista em alguma área tecnológica. *He's a computer geek.* / Ele é um especialista em computador.

geezer *s* homem velho, tiozinho. *Who's the geezer with Judy?* / Quem é o tiozinho com a Judy?

gel *v* **1** relaxar, descansar, ficar sossegado. *Why don't you just go home and gel for a while?* / Por que você não vai para casa e descansa um pouco? **2** tomar forma, concretizar (ideia, plano etc.). *We were going to open a restaurant together, but the plan just didn't gel.* / Nós íamos abrir um restaurante juntos, mas o plano não se concretizou.

gen (derivação de *agenda*) *s Brit* informação, agenda, plano. *What's the gen for Friday night?* / Qual é o plano para sexta-feira à noite? *What's the gen on the economic situation in Argentina?* / Qual é a informação sobre a situação econômica na Argentina?

get lost *interj* vá embora, cai fora. *Get lost! Can't you see that I'm working?* / Cai fora! Você não vê que eu estou trabalhando?

get out of here *interj* você está brincando, não é possível. *'Did you hear Alice is back with Jake?' 'Get out of here!'* / 'Você ficou sabendo que a Alice voltou com o Jake?' 'Você está brincando!'

get real *interj* **1** cai na real, se liga. *She doesn't want anything to do with you. Get real!* / Ela não quer nada com você. Cai na real!

get stuffed *Brit interj* vá embora, cai fora! *Get stuffed! Can't you see that I'm studying?* / Cai fora! Você não vê que eu estou estudando?

get with it *interj* **1** se liga, se atualiza. *Get with it, Mom! No one wears those anymore!* / Se liga, mãe! Ninguém mais usa isso! **2** anda logo, manda bala. *Get with it! We don't have the whole day!* / Anda logo! Nós não temos o dia inteiro!

gig *s* show, apresentação, espetáculo. *The gig was cancelled be-*

cause of the rain. / O show foi cancelado por causa da chuva.

give a fuck *vulg* (geralmente usada na forma negativa) importar-se, preocupar-se, dar a mínima. *I don't give a fuck what they think!* / Eu não me importo nem um pouco com o que eles pensam!

give a shit *vulg* (geralmente usada na forma negativa) importar-se, preocupar-se, dar a mínima. *She doesn't give a shit about her parents.* / Ela não dá a mínima para os pais dela!

give me a break *interj* **1** pare de encher o saco, pare com isso. *Give me a break! I'm trying to concentrate!* / Pare com isso! Eu estou tentando me concentrar! **2** me dê mais uma chance, não seja tão cruel. *Give me a break! I won't do it again!* / Me dê mais uma chance! Eu não vou fazer mais isso! **3** eu não acredito, se liga, isso só pode ser uma piada. *Your car was stolen again? Give me a break!* / O seu carro foi roubado de novo? Isso só pode ser uma piada!

gizmo *s* pequeno aparelho eletrônico ou mecânico, treco, troço. *What is this gizmo for?* / Para que serve este treco?

glam (abreviação de *glamorous*) *adj* glamoroso, chique. *He leads a pretty glam life!* / Ele leva uma vida bastante glamorosa!

glamour puss *s* mulher bonita que se preocupa muito com a aparência; bonitona. *How many pairs of shoes do you own, glamour puss?* / Quantos pares de sapato você tem, bonitona?

glitch *s* defeito, falha, problema. *The prototype still has a few small glitches to fix.* / O protótipo ainda tem umas pequenas falhas para consertar.

glitzy *adj* de mau gosto, berrante, espalhafatoso. *The Christmas decorations were a little too glitzy for my taste.* / Os enfeites de Natal ficaram muito berrantes para o meu gosto.

go *s* (geralmente com o verbo *have*) tentativa, vez. *Do you want to have another go at it?* / Quer fazer uma outra tentativa? *It's your go.* / É a sua vez. • *v* **1** urinar, fazer xixi. *Do you want to go?* / Você quer fazer xixi? **2** dizer, falar. *So I go, 'what the hell is this?' and she goes, 'what?'* / Aí eu disse 'que diabo é isto?', e ela disse 'o quê?'.

go down *v* **1** acontecer, pegar. *Hey, what's going down?* / E aí, o que está pegando? **2** ser aceito, ser aprovado. *Do you think the project is going to go down?* / Você acha que o projeto vai ser aprovado? **3** ser preso. *I'm sure he's going to go down this time.* / Eu tenho certeza de que ele vai ser preso desta vez.

go figure *interj* quem entende, vai entender. *One minute she says she loves me, the next minute she never wants to see me again! Go figure!* / Num minuto ela diz que me ama, no outro ela diz que nunca mais quer me ver! Vai entender!

go for it *interj* faça isso, vai fundo, vai nessa, manda bala. *So you want to apply for the job? Go for it!* / Então, você quer se candidatar para o serviço? Vai fundo!

gobs *s* grande quantidade, muito. *He's got gobs of money.* / Ele tem muita grana.

gobsmacked *adj Brit* surpreso, impressionado, boquiaberto. *I was gobsmacked to see her on stage.* / Eu fiquei boquiaberto ao vê-la no palco.

go-go girl *s* dançarina erótica de casa noturna, *stripper*. *Michelle is a go-go girl at a strip joint around here.* / A Michelle é uma *stripper* numa boate aqui perto.

gold digger *s* mulher que se interessa apenas por homens ricos, interesseira. *She just wants you for your money. Can't you see she's a gold digger?* / Ela só quer você por causa do seu dinheiro. Você não vê que ela é uma interesseira?

goldbrick *s Amer* pessoa que foge de trabalho, preguiçoso, vagabundo. *Whenever there's work to do, Steve disappears. Bloody goldbrick!* / Sempre que tem algum serviço para fazer, o Steve desaparece. Vagabundo, filho da mãe! • *v* fugir de trabalho, fazer corpo mole. *Quit goldbricking and get back to work!* / Pare de fazer corpo mole e volte ao trabalho!

gomer *s* idiota, imbecil, babaca, tonto. *What's that gomer doing?* / O que aquele idiota está fazendo?

goner *s* (geralmente usado em tom humorístico) pessoa prestes a morrer, homem morto, mulher morta. *If my wife finds out about this, I'm a goner!* / Se a minha mulher ficar sabendo disso, eu sou um homem morto!

gonna (derivação de *going to*) *v He's gonna be here tonight.* / Ele vai estar aqui hoje à noite.

good onya / good on you *interj Austr* que bom, ótimo, é isso aí. *'I got the job!' 'Good onya, mate!'* / 'Eu consegui o emprego!' 'Quem bom, cara!'

good-for-nothing *s* pessoa inútil, pessoa que não presta, vagabundo. *Mary works two jobs to support that good-for-nothing!* / A Mary trabalha em dois empregos para sustentar aquele vagabundo!

goody two shoes *s* pessoa certinha, careta. *I'll bet the goody two shoes has never even tried a cigarette!* / Aposto que esse careta nunca fumou nem mesmo um cigarro!

goof *s Amer* **1** erro. *I found a few goofs in the calculations.* / Eu achei alguns erros nos cálculos. **2** idiota, imbecil, babaca, tonto. *Don't be such a goof!* / Não seja idiota! • *v* errar, cometer um erro. *I'm sorry. I goofed.* / Desculpe. Eu cometi um erro.

goof-off *s* pessoa que foge de trabalho, preguiçoso, vagabundo. *I'd fire the goof-off if I were you.* / Eu dispensaria aquele vagabundo, se fosse você.

goon *s* **1** idiota, imbecil, babaca, tonto. *Ron is such a goon sometimes.* / O Ron é tão idiota às vezes. **2** capanga. *He'll send his goons after you.* / Ele vai mandar os capangas dele te pegar.

gotta (derivação de *got to*) *v* ter de fazer algo. *I gotta go now.* / Eu tenho que ir agora.

governor *s Brit* **1** termo usado para se dirigir a uma pessoa em posição de liderança, chefe, diretor, gerente, treinador etc. *Morning, governor!* / Bom dia, chefe! **2** termo usado para se dirigir a uma pessoa desconhecida ou em posição superior. Algo como: senhor, amigo, campeão. *Care for a paper, governor?* / Aceita um jornal, senhor?

grabbers *s Brit* mãos. *Go wash your grabbers!* / Vá lavar as mãos!

grand *s* mil (dólares, euros etc.). *That'll cost you at least thirty grand.* / Isso vai te custar, no mínimo, trinta mil.

grass *s* **1** maconha. *He smokes grass every day.* / Ele fuma maconha todo dia. **2** alface, salada. *Do you want more grass?* / Você quer mais salada?

graveyard shift *s* horário noturno de trabalho, turno da noite. *I'll be working the graveyard shift from next week on.* / Eu vou fazer o turno da noite a partir da semana que vem.

gravy *s* situação muito fácil, moleza, presente do céu. *Janet has worked hard all her life. It hasn't been all gravy for her.* / A Janet deu duro a vida toda. As coisas não caíram do céu na vida dela. *adj* fácil ou que dá dinheiro fácil. *Talk about a gravy job!* / Que maravilha de emprego!

gravy train *s* serviço que dá dinheiro fácil. *Buying and selling houses wasn't the gravy train I thought it would be.* / Comprar e vender casas não é um serviço que dá dinheiro fácil, como eu pensei.

grease *v* subornar, pagar propina, molhar a mão de alguém. *He greased the cop and got out of a speeding ticket.* / Ele molhou a mão do guarda e se livrou de uma multa por excesso de velocidade.

grease monkey *s Amer* mecânico. *He's a grease monkey.* / Ele é um mecânico.

greaser *s* **1** roqueiro estilo anos 1950. *All the greasers hang out at this bar.* / Todos os roqueiros frequentam este bar. **2** *pej* italiano ou latino-americano, latino (pessoa). *Miami is full of greasers.* / Miami é cheia de latinos.

greasy spoon *s* restaurante ou lanchonete sem prestígio, restaurante barato. *We had a hamburger at the greasy spoon on the corner.* / Nós comemos um hambúrguer na lanchonete da esquina.

green apple quick step *s Amer* diarreia, cocô mole. *That Indian food gave me the green apple quick step.* / Aquela comida indiana me deu diarreia.

greenback s dólar americano. *I need to buy some greenbacks for our trip.* / Eu preciso comprar alguns dólares para a nossa viagem.

greenie s **1** cerveja da marca Heineken. *Can I have a greenie, please?* / Você me traz uma *Heineken*, por favor? **2** *Austr* meio ambientalista. *Joe is a greenie.* / O Joe é um meio ambientalista. **3** *Brit* muco, catarro, meleca, caca de nariz. *Gross! You have a huge greenie hanging out of your nose!* / Que nojo! Você tem uma meleca enorme saindo do seu nariz!

groovy adj (gíria da década de 1960) maneiro, irado, bacana. *I know this groovy little Italian restaurant downtown.* / Eu conheço um restaurante italiano bacana no centro da cidade.

grotty adj sujo, imundo, nojento. *The gas station bathroom was grotty!* / O banheiro do posto de gasolina estava imundo!

ground v *Amer* proibir alguém de sair de casa (castigo dado aos adolescentes pelos pais). *My parents grounded me until I do better at school!* / Os meus pais me proibiram de sair de casa até eu melhorar as notas na escola!

groupie s garota que segue uma banda de cantores ou músicos em busca de um romance com eles, tiete, fã. *The hotel was full of groupies waiting to see the band.* / O hotel estava cheio de tietes querendo ver a banda.

grouse adj *Austr* ótimo, excelente, da hora, incrível, animal. *The food is absolutely grouse at this place!* / A comida é absolutamente ótima neste lugar!

grub s comida, rango. *What time's grub around here?* / A que horas sai o rango por aqui?

grubby adj sujo. *Don't touch the pie with your grubby hands!* / Não toque na torta com essas mãos sujas!

grunge s **1** movimento musical originário de Seattle nos Estados Unidos, grunge. *He's into Nirvana and all the good grunge from the West Coast.* / Ele curte Nirvana e todo aquele movimento *grunge* da costa oeste. **2** sujeira. *I can't get the grunge off the bathroom tiles.* / Eu não consigo remover a sujeira dos azulejos do banheiro.

grungy adj sujo. *The hotel room was grungy.* / O quarto do hotel estava sujo.

gung-ho / **gung ho** adj muito entusiasmado, animado. *She's all gung ho about our trip next week.* / Ela está muito animada com a nossa viagem na semana que vem.

gut s barriga, intestino, pança. *He's got a big gut.* / Ele tem uma pança enorme.

guts s coragem, valentia. *He doesn't have the guts to do that!* / Ele não tem coragem de fazer isso!

gutted adj *Brit* decepcionado, chocado, arrasado. *I was gutted* *when I heard the news.* / Eu fiquei arrasado quando soube da notícia.

guv / **guv'ner** V *governor*.

guy *s* homem, garoto, cara, sujeito, rapaz (também usado no plural para se referir a mulheres ou garotas). *Who's that guy?* / Quem é aquele cara? *Hey, guys! It's party time!* / Aí, galera! É hora de se divertir!

guzzle *v* beber às pressas (bebida alcoólica). *Guzzle your beer and let's go!* / Bebe logo essa cerveja e vamos embora!

gynie / **gyno** (derivação de *gynaecologist*) *s* ginecologista, gineco. *Mike is a gyno.* / O Mike é ginecologista.

gyp *s* roubo. *Five bucks for a Coke? What a gyp!* / Cinco contos por uma Coca? Que roubo! • *v* enganar, trapacear, roubar, sacanear alguém. *This is a fake Rolex. You were gyped!* / Este Rolex é falso. Você foi sacaneado!

h

hack *s* **1** táxi. *I took a hack from the airport to the office.* / Eu peguei um táxi do aeroporto até o escritório. **2** pessoa incompetente, picareta, charlatão. *A writer? He's nothing but a hack!* / Escritor? Ele não passa de um picareta! • *v* entrar ilegalmente ou invadir um sistema ou rede de computadores. *They caught him trying to hack into the school's computer system to change his grades.* / Eles o pegaram tentando invadir o sistema de computadores da escola para alterar suas notas.

hack *v* tolerar, suportar, aguentar algo. *I can't hack the stress of the big city anymore.* / Eu não aguento mais o estresse da cidade grande.

hacked off *adj* chateado, zangado, bravo. *I hope you're not hacked off about last night.* / Eu espero que você não esteja chateado por causa de ontem à noite.

hacker *s* pessoa que invade redes ou sistemas de computadores, hacker. *The bank has a firewall to stop hackers from stealing money.* / O banco tem uma *firewall* para impedir os *hackers* de roubar dinheiro.

haggle *v* negociar (preço), pechinchar. *If you haggle a little, he'll drop the price.* / Se você pechinchar um pouco, ele vai baixar o preço.

hairy *adj* difícil, perigoso, arriscado. *The pilot managed to land the plane, but it was pretty hairy!* / O piloto conseguiu aterrissar o avião, mas foi bastante difícil!

half-assed *adj vulg* mal planejado, malfeito, feito pela metade, feito nas coxas. *Who came up with this half-assed plan anyway?* / Quem que inventou esse plano feito nas coxas, afinal?

half-wit *s* idiota, imbecil, otário, tonto. *The mechanic is a half-wit! He replaced the wrong part!* / O mecânico é um idiota! Ele trocou a peça errada!

hammered *adj* bêbado, chapado, trincado. *Peter got in at two in the morning completely hammered.* / O Peter chegou às duas da manhã completamente bêbado.

hand job s *vulg* masturbação, punheta. *She gave him a hand job.* / Ela bateu uma punheta para ele.

handcuffs s aliança de casamento. *He takes off his handcuffs when he goes out with his friends.* / Ele tira a aliança quando sai com os amigos.

hang (a left / a right) v virar, dobrar (à esquerda / à direita). *The post office? Just hang a right at the lights and go two blocks.* / O correio? É só virar à direita no farol e seguir dois quarteirões.

hang v **1** andar ou passar tempo com alguém. *I don't hang with the guys from school any more.* / Eu não ando mais com os caras da escola. **2** esperar, passar hora, matar o tempo. *I'll just hang here while you change your clothes.* / Eu vou esperar aqui, enquanto você troca de roupa.

hangover s ressaca. *There's nothing worse than going to work with a bad hangover.* / Não tem nada pior do que ir para o trabalho com uma puta ressaca.

hang-up s inibição psicológica, preocupação exagerada, fixação, complexo. *She's got this weird hang-up about her father.* / Ela tem um complexo estranho a respeito do pai dela.

hanky panky s **1** comportamento impróprio ou desonesto, enrolação, sacanagem. *I want my money back and don't give me any hanky panky.* / Eu quero meu dinheiro de volta e não me venha com enrolação! **2** sexo (geralmente ilícito), sacanagem, caso. *Everyone knows about the hanky panky going on with his secretary.* / Todo mundo sabe do caso dele com a secretária.

happy hour s um período no dia em que os bares oferecem bebidas com desconto (geralmente depois do expediente e antes do jantar), *happy hour*. *The bar on the corner has a good happy hour with two beers for the price of one.* / O bar da esquina tem um bom *happy hour* com a promoção de duas cervejas pelo preço de uma.

hard-ass s pessoa que segue regras ou regulamentos cegamente, durão. *I tried to talk my way out of the speeding ticket, but the cop was a hard-ass.* / Eu tentei convencê-lo a não me dar uma multa por excesso de velocidade, mas o policial era durão.

hard-on s ereção, pau duro. *He gets a hard-on every time she smiles at him.* / Ele fica de pau duro toda vez que ela sorri para ele.

has-been s pessoa fracassada, mas que foi bem-sucedida no passado. *No one will hire an old has-been like Jeff.* / Ninguém vai contratar um velho fracassado como o Jeff.

hash (abreviação de *hashish*) s haxixe (droga). *Allan was busted with a kilo of hash.* / O Allan foi preso com um quilo de haxixe.

hassle s incômodo, chateação, saco. *Traffic was a real hassle this* *morning.* / O trânsito estava um saco hoje de manhã. *v* incomodar, encher a paciência. *My wife is hassling me to spend more time at home.* / Minha mulher está me enchendo a paciência para eu passar mais tempo em casa.

hawk *s* pessoa de extrema-direita e geralmente a favor de guerras. *Of course the new military budget was approved. Congress is full of hawks.* / Claro que o novo orçamento militar foi aprovado. O Congresso é cheio de pessoas de extrema-direita.

head *s* **1** pessoa viciada em drogas pesadas. *Jim hangs out with the heads at school.* / O Jim anda com os viciados da pesada na escola. **2** entusiasta ou fã de alguém ou algo (usado em conjunto com outra palavra). *He's a real U2 head. He's got all their albums.* / Ele é um verdadeiro fã do U2. Ele tem todos os álbuns da banda. **3** *vulg* sexo oral, chupeta. *Did she give you head?* / Ela fez uma chupeta pra você? **4** banheiro. *I really need to use the head.* / Eu realmente preciso usar o banheiro.

headbanger *s* pessoa que é fã de rock pesado, roqueiro. *All the headbangers at school listen to Metallica.* / Todos os roqueiros da escola escutam Metallica.

headcase *s* pessoa com problemas psicológicos, maluco. *Then, the headcase got out of his car and started punching me.* / Aí, o maluco saiu do carro e começou a me socar.

headhunter *s* descobridor de executivos para grandes empresas, caçador de talentos, *headhunter*. *They used a headhunter to find a new manager.* / Eles usaram um *headhunter* para encontrar um novo gerente.

heat *s* polícia. *Keep the volume down or someone will call the heat.* / Mantenha o volume baixo ou alguém vai chamar a polícia.

heater *s* arma (pistola). *The guy pulled a heater out and asked for the money.* / O cara sacou uma arma e pediu o dinheiro.

heavy *s* vilão, criminoso. *In the film, he plays the part of a heavy in Las Vegas.* / No filme, ele faz o papel de um criminoso em Las Vegas. *adj* **1** importante, significante, emocionante. *The movie was heavy.* / O filme foi emocionante. **2** ótimo, excelente, da hora, incrível, animal. *'How was the party?' 'Heavy!'.* / 'Como foi a festa?' 'Animal!'

heck *interj* caramba, putz. *Heck! I didn't know you were coming!* / Caramba! Eu não sabia que você viria!

heeb *pej* (derivação da *Hebrew*) *s* judeu. *I think the new guy is a heeb, but I'm not sure.* / Eu acho que o cara novo é judeu, mas não tenho certeza.

heist *s* roubo, assalto. *Police arrested two suspects in connection with the bank heist.* / A polícia prendeu dois suspeitos envolvidos no roubo ao banco.

hell *s* **1** situação difícil ou desagradável, inferno. *Living with Mary is hell sometimes!* / Morar com a Mary é um inferno às vezes! • *interj* caramba, cacete, putz, merda. *Oh, hell! I'm going to be late for work!* / Cacete! Eu vou me atrasar para o trabalho!

helluva / hell of a *adv* (palavra usada para enfatizar) porrada, puta, baita. *It was a helluva party!* / Foi uma puta festa! *She's one hell of a singer!* / Ela é uma baita de uma cantora!

hickey *s* pequena marca de mordida na pele do pescoço feita por um amante, namorado etc. *Who gave you the hickey?* / Quem te deixou essa marca no pescoço?

high *adj* sob efeito de droga ou bebida, bêbado, chapado, doidão. *Half the kids at the dance were high.* / Metade dos moleques no baile estava chapada.

high five *s* cumprimento dado ao levantar uma mão e receber um toque da outra pessoa. *He came in giving everyone high fives, so I guess he got the job.* / Ele entrou tocando a mão de todo mundo, então eu acho que ele conseguiu o emprego.

hip *adj* **1** informado, ligado, por dentro. *I'm hip to her tricks.* / Eu estou ligado nos truques dela. **2** na moda, bacana. *There's a hip little bar that just opened on Crescent Street.* / Tem um bar bacana que abriu na rua Crescent.

hip-hop *s* música e cultura ligada à música *rap*. *My brother is really into hip-hop.* / Meu irmão é realmente chegado em *hip-hop*.

hit man *s* assassino profissional. *The movie is about a hit man that goes after an Indian couple.* / O filme é sobre um assassino profissional que vai atrás de um casal indiano.

hit on someone *v* assediar, dar em cima de alguém. *The guy was hitting on my girlfriend.* / O cara estava dando em cima da minha namorada.

hit *s* sucesso. *Your apple pie was a hit with the guests.* / Sua torta de maçã fez o maior sucesso com os convidados. *v* **1** ir ou parar em algum lugar. *Let's hit the supermarket before it closes.* / Vamos ao supermercado antes que feche. **2** atingir. *The hurricane hit Florida last night.* / O furacão atingiu a Flórida ontem à noite. **3** chegar ao cinema, estrear (filme). *His new film will hit the cinemas in March.* / O novo filme dele vai estrear no cinema em março. **4** matar, apagar alguém. *They hit the guy and got rid of the body.* / Eles apagaram o cara e deram um fim no corpo.

hit parade *s* lista das músicas mais populares e tocadas nas rádios no momento, parada de sucessos. *The band has two songs on the hit parade.* / A banda tem duas músicas na parada de sucessos.

ho *s Amer* prostituta, vagabunda. *Don't waste your time with that ho.* / Não perca seu tempo com essa vagabunda.

hog   65   **hood**

hog *s* **1** motocicleta grande (termo geralmente usado para motos da marca Harley-Davidson). *He drives a hog on weekends.* / Ele dirige uma Harley-Davidson nos finais de semana. **2** pessoa egoísta, mesquinho, fominha. *Don't be such a hog! Give me some of that pie!* / Não seja fominha! Me dê um pedaço dessa torta! • *v* tomar posse de algo de maneira egoísta, pegar tudo para si. *Don't hog the pizza! We want some, too.* / Não pegue toda a pizza para você! Nós queremos um pedaço também!

hogwash *s* mentira, besteira, bobagem. *Is that what he told you? That's a load of hogwash!* / Foi isso que ele te disse? Que monte de besteira!

hole *s* estabelecimento de baixa reputação, espelunca. *Let's get out of here! This place is a hole!* / Vamos cair fora daqui! Este lugar é uma espelunca!

hole in the wall *s* caixa eletrônico. *Is there a hole in the wall around here?* / Tem algum caixa eletrônico por aqui?

holly *V* ho.

holy cow *interj* caramba, putz. *Holy cow! Look at the time!* / Caramba! Olha que horas são!

holy shit *interj pej* puta merda, cacete. *Holy shit! We just missed the last bus!* / Puta merda! Acabamos de perder o último ônibus!

homey / **homeboy** *s Amer* **1** alguém conhecido do bairro ou da cidade, conterrâneo. *Come and meet Steve. He's a homeboy.* / Venha conhecer o Steve. Ele é um conterrâneo nosso. **2** amigo íntimo ou membro da mesma gangue, mano, chegado, truta. *Yo homey! Where you been?* / Fala aí, mano! Por onde você andou?

homo milk (abreviação de *homogenized milk*) *s Can* leite integral. *The kids only drink homo milk.* / As crianças só tomam leite integral.

honcho *s* chefe, pessoa que manda, mandachuva. *So, who's the head honcho around here?* / E aí, quem é o mandachuva por aqui?

honk *v* vomitar. *Gross! He just honked on the couch!* / Que nojo! Ele vomitou no sofá!

honkey / **honkie** / **honky** *s Amer pej* pessoa de cor branca, branquelo. *Who invited the honky to the party?* / Quem convidou aquele branquelo para a festa?

hooch / **hootch** *s* bebida alcoólica (geralmente de má qualidade ou caseira), cachaça, pinga. *How about another shot of hooch?* / Que tal mais uma dose de cachaça?

hood / **hoodlum** *s* criminoso, ladrão. *Did they catch the hoodlum that stole your car?* / Eles pegaram o ladrão que roubou o seu carro?

hood (abreviação de *neighborhood*) *s Amer* bairro, vizinhança, área, quebrada, pedaço. *OK. Let him through. He's from the hood.* /

Tudo bem. Deixe ele passar. Ele é da área.

hoo-ha s comoção, escândalo. *What's all the hoo-ha about, anyway?* / Para que todo esse escândalo, afinal?

hooker s prostituta, puta. *At this time of night only the hookers are on the street.* / A essa hora da noite só as prostitutas estão na rua.

hoops s basquete. *Feel like shooting some hoops?* / Você está a fim de jogar basquete?

hoot s diversão, maior barato. *The party was a hoot.* / A festa foi o maior barato. • v gritar, vaiar. *We all hooted when she came in.* / Todos nós vaiamos quando ela entrou.

hooters s seios, peitos. *Check out the hooters on that girl!* / Olha só os peitos daquela garota!

horny adj excitado, com tesão, assanhado, tarado. *I get all horny just listening to her voice.* / Eu fico com um puta tesão só de ouvir a voz dela.

horse s heroína (droga). *He got busted with a kilo of horse.* / Ele foi preso com um quilo de heroína.

horseshit s mentira, besteira, bobagem. *Did she say that? What a lot of horseshit!* / Ela disse isso? Que monte de besteira!

hoser s *Can* pessoa egoísta, fominha, pilantra. *You ate the last piece of pizza, you hoser!* / Você comeu o último pedaço de pizza, seu fominha!

hot adj 1 atraente, sexy, gostosa (pessoa). *Wow! Is she ever hot!* / Nossa! Que gostosa! 2 popular, cobiçado, na moda. *He's the hottest actor in Hollywood at the moment.* / Ele é o ator mais cobiçado de Hollywood no momento. 3 roubado. *I didn't know the car was hot.* / Eu não sabia que o carro era roubado. 4 competente, talentoso, bom em algo (termo geralmente usado na negativa). *I wasn't so hot in science at school.* / Eu não era muito bom em ciências na escola.

hot to trot adj 1 ansioso para começar algo, animado. *The players were hot to trot before the game.* / Os jogadores estavam animados antes do jogo. 2 a fim de sexo, tarada (mulher). *That woman is hot to trot!* / Essa mulher é tarada!

hots s desejo ou atração sexual. *Do you still have the hots for Nancy?* / Você ainda sente atração pela Nancy?

hotshot s pessoa bem-sucedida e talentosa (termo usado muitas vezes em tom pejorativo para descrever uma pessoa que se acha o máximo). *If you're such a hotshot, then why don't you solve the case?* / Se você se acha tão talentoso, então por que não resolve o caso? • adj talentoso, bem-sucedido, fera. *She married some hotshot lawyer from New York.* / Ela se casou com um advogado bem-sucedido de Nova York.

hottie *s* pessoa atraente, gata, gostosa (mulher). *Check out the hotties at the other table!* / Saca só aquelas gatas na outra mesa!

housecoat *s Can* roupão de banho. *She answered the door in her housecoat.* / Ela atendeu à porta só de roupão.

hubby (derivação de *husband*) *s* marido. *Are you bringing your hubby to the party?* / Você vai trazer o seu marido à festa?

huff *s* estado de mau humor. *The boss is in a huff today.* / O chefe está de mau humor hoje.

humongous (derivação de *huge* e *enormous*) *adj* muito grande, enorme, gigante. *The guy is humongous!* / O cara é enorme!

hump *s* sexo, transa. *I'll bet they're having a hump in the next room.* / Aposto que eles estão transando no quarto ao lado. • *v* fazer sexo, transar, comer alguém. *Well, did you hump her?* / E aí, você transou com ela?

hungries *s* fome. *Man, I've got the hungries! Let's eat.* / Cara, eu estou com uma puta fome! Vamos comer alguma coisa.

hunk *s* homem grande, forte e sexualmente atraente, pedaço de mau caminho, gostosão. *I met a real hunk at the beach yesterday.* / Eu conheci um gostosão na praia ontem.

hunky-dory *adj* satisfatório, bem, beleza. *We had a big fight, but everything's hunky-dory between us now.* / Tivemos uma briga feia, mas está tudo bem entre nós agora.

hurl *v* vomitar, chamar o Hugo. *Mike's hurling in the loo.* / O Mike está vomitando no banheiro.

hush money *s* suborno pago para silenciar alguém. *He was paying the police hush money to keep his name out of the investigation.* / Ele estava pagando suborno à polícia para manter o nome dele fora das investigações.

hustler *s* negócio ilegal, fraude, trambique. *No one sells land that cheap. It sounds like a hustle to me.* / Ninguém vende terrenos tão baratos assim. Isso está me parecendo trambique. • *v* **1** apressar-se, andar logo. *Let's hustle or we'll be late!* / Vamos andar logo ou chegaremos atrasados! **2** esforçar-se, empenhar-se, dar duro. *Don wasn't born rich. He had to hustle for everything he has.* / O Don não nasceu rico. Ele teve que dar duro para conseguir o que tem. **3** convencer alguém a comprar algo, empurrar algo a alguém. *He hustles fake antiques to the tourists.* / Ele empurra peças antigas falsas aos turistas. **4** solicitar cliente (prostituta), oferecer-se para alguém. *The girl in the bar was hustling us.* / A garota no bar estava se oferecendo para a gente. **5** ganhar dinheiro por meios desonestos (geralmente em apostas), trapacear. *He makes a living hustling at the local pool hall.* / Ele ganha a vida trapaceando os outros no jogo de bilhar dos bares.

hustle *s* **1** trapaceiro, trambiqueiro, picareta. *He's a hustler. He makes a living selling fake watches to tourists.* / Ele é um picareta. Ele ganha a vida vendendo relógios falsos para os turistas. **2** prostituta, garota de programa. *It's full of hustlers on the corner after midnight.* / Está cheio de garotas de programa na esquina depois da meia-noite.

hype *s* publicidade, promoção ou propaganda exagerada, oba-oba. *There's been a lot of hype for his new film, but the critics say it's lousy.* / Fizeram muito oba-oba para o novo filme dele, mas os críticos dizem que é uma porcaria. • *v* promover algo de forma exagerada ou espalhafatosa, forçar a promoção de algo. *She was on TV hyping her latest book.* / Ela estava na TV forçando a promoção do último livro dela.

hyper (abreviação de *hyperactive*) *adj* muito agitado, nervoso, ansioso etc. *Calm down! You're being hyper!* / Se acalme! Você está muito agitado!

i

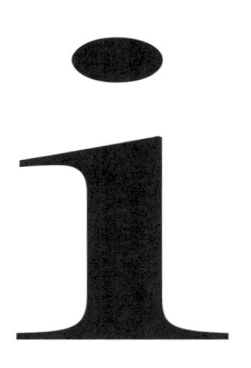

I.D. (abreviação de *identification*) *s* documento de identificação pessoal, identidade. *Can I see your I.D. please?* / Posso ver sua identidade, por favor?

ice *s* diamante. *She has an engagement ring with a nice piece of ice on it.* / Ela tem um anel de noivado com uma bela pedra de diamante. *v* matar, apagar alguém. *If he doesn't pay up, they'll ice him.* / Se ele não pagar o que deve, eles vão matá-lo.

icky *adj* desagradável, nojento, horrível. *The spaghetti looks icky. I wouldn't eat it if I were you!* / O macarrão está com uma cara horrível. Eu não o comeria, se fosse você!

idiot box *s* aparelho de TV, televisão. *Will you be sitting in front of that idiot box the whole day?* / Você vai ficar sentado na frente dessa TV o dia inteiro?

iffy *adj* duvidoso, incerto, improvável, arriscado. *The weather looks a little iffy for the barbecue on Saturday.* / O tempo parece um pouco arriscado para o churrasco no sábado.

in *adj* na moda, a nova onda. *Baggy pants are in this summer.* / Calças largas estão na moda neste verão.

in a bit *interj Brit* tchau, até mais. *I've got to go now. In a bit!* / Eu tenho que ir agora. Até mais!

in the hole *adj* endividado, devendo, com saldo negativo. *The company is in the hole two million dollars.* / A empresa está com uma dívida de dois milhões de dólares.

innit (derivação de *isn't it?*, usado no final de uma oração, independente do verbo principal da mesma) *v Brit* não é mesmo, não é não, né? *That's a wicked car, innit?* / Esse carro é da hora, não é não? *They're a bunch of yobs, innit?* / Eles são um bando de maloqueiros, não é mesmo?

ins and outs *s* conhecimento em detalhes, manhas. *He's teaching me the ins and outs of the business.* / Ele está me ensinando as manhas do negócio.

inside job *s* crime cometido por um funcionário de empresa, banco etc. *The police think the robbery was an inside job.* / A polícia acredita que o roubo do banco foi cometido por um funcionário.

in-your-face *adj* exagerado, invasivo, forçado, insistente. *The salesman was very in-your-face, don't you think?* / O vendedor foi muito insistente, você não acha?

itsy-bitsy / itty-bitty *adj* pequeno, pequenininho. *She was wearing this itsy-bisty bikini.* / Ela estava usando um biquíni bem pequenininho.

ivories *s* dentes. *Come on! Show us your ivories!* / Vamos lá! Mostre os seus dentes!

ivory tower *s* posição, atitude ou postura intelectual arrogante. *It's easy for economists in their ivory tower to say that 10 per cent unemployment in acceptable.* / É fácil para os economistas, com suas posturas arrogantes, dizer que uma taxa de desemprego de 10 por cento é aceitável.

j

jack *s* **1** quantia pequena ou insignificante, nada, porcaria nenhuma. *He doesn't know jack about popular music.* / Ele não entende porcaria nenhuma de música popular. **2** dinheiro, grana. *Dan doesn't have the jack to buy it.* / O Dan não tem dinheiro para comprar isso. **3** nome usado para qualquer pessoa. Algo como: mané, maluco, meu camarada. *Look here, Jack. This is my seat!* / Olha aqui, meu camarada. Este é o meu lugar! • *v* roubar, passar a mão. *Someone jacked John's bike at school today.* / Alguém roubou a bicicleta do John na escola hoje.

jack around *v* perder tempo, ficar à toa, coçar o saco. *Are you here to work or jack around?* / Você está aqui para trabalhar ou para ficar à toa?

jack off *v vulg* masturbar-se, bater punheta. *He must be jacking off in the bathroom.* / Ele deve estar batendo punheta no banheiro.

jack shit *s vulg* quantia pequena ou insignificante, nada, porcaria nenhuma, porra nenhuma. *He's supposed to be an expert, but he doesn't know jack shit.* / Dizem que ele é um especialista, mas ele não sabe porra nenhuma.

jag *s* **1** bebedeira ou sessão de altas doses de droga. *That was quite a jag last night, wasn't it?* / Que bebedeira louca ontem à noite, hein? **2** (abreviação de Jaguar) carro da marca Jaguar. *Terry drives a really nice Jag.* / O Terry dirige um belo Jaguar.

jailbait *s* termo usado para se referir a uma garota menor de idade por quem se tem interesse sexual. *Stay away from that girl. She looks like jailbait to me.* / Fique longe dessa garota. Ela me parece ser menor de idade.

jam *s* **1** situação difícil, encrenca. *I'm in a real jam at work.* / Eu estou numa verdadeira encrenca no serviço. **2** sessão informal e improvisada de música popular, tocata. *We got together with a few friends for a jam last night.* / Nós nos reunimos com alguns amigos para uma tocata ontem à noite. • *v* tocar música com outros músicos em sessão de improviso, improvisar. *It's a terrific bar where anyone can go up on stage and jam with the band.* / É um bar fantástico, onde qualquer um pode subir no palco e tocar de improviso com a banda.

jam packed *adj* cheio, lotado, abarrotado. *This place is jam packed! We won't be able to get in!* / Este lugar está lotado! A gente não vai conseguir entrar!

jam session *s* sessão informal e improvisada de música popular, tocata. *We had a jam session with some of the guys from the band.* / Nós fizemos uma tocata improvisada com alguns dos caras da banda.

jam tart *s Brit vulg* (rima com *sweetheart*) mulher promíscua, galinha, piranha, vagabunda, puta. *You look like a jam tart in that dress!* / Você parece uma vagabunda nesse vestido!

jammy *adj Brit* pessoa sortuda. *The jammy bugger won the lottery!* / O sortudo filho da mãe ganhou na loteria!

java *s* café. *I can't even think before having my cup of java in the morning!* / Eu não consigo sequer pensar antes de tomar a minha xícara de café de manhã!

jazz *s* **1** coisas não especificadas, tralha, treco, tranqueira. *Gina is storing all her jazz at my place until she finds a new apartment.* / A Gina está guardando todas as tralhas dela lá na minha casa até ela achar um novo apartamento. **2** mentira, besteira, conversa fiada, papo-furado. *Don't give me that jazz about not knowing what happened!* / Não me venha com esse papo-furado de que não sabe o que aconteceu! • *v* exagerar, mentir, enrolar, sacanear alguém. *You're jazzing me, right?* / Você está de sacanagem, né?

jazz up *v* tornar algo mais atraente ou interessante, enfeitar, decorar algo. *We've hired someone to jazz up the office.* / Nós contratamos alguém para decorar o escritório.

jazzy *adj* ostentoso, mirabolante, chamativo. *He just bought some jazzy car to impress his friends.* / Ele comprou um carro chamativo para impressionar os amigos.

jerk *s* idiota, imbecil, babaca, tonto. *The jerk at the restaurant wouldn't accept my check.* / O idiota no restaurante não queria aceitar o meu cheque.

jerk off *v vulg* masturbar-se, bater punheta. *You need to stop jerking off and find a girlfriend.* / Você precisa parar de bater punheta e arranjar uma namorada.

jiffy *s* pouco tempo, minutinho, segundo. *I'll be back in a jiffy! Don't go away!* / Eu volto num segundo! Não saia daí!

jiggy *adj* **1** animado, entusiasmado, empolgado. *You're looking pretty jiggy tonight!* / Você parece bem animado hoje à noite! **2** atraente. *She's so jiggy!* / Ela é muito atraente!

jillion *s* (rima com *million* ou *billion*) número fictício que ex-

jitters

pressa um número tão grande que é praticamente incontável; zilhão. *They've spent about a jillion dollars trying to solve the problem, but it's no use.* / Eles gastaram um zilhão de dólares tentando resolver o problema, mas não adiantou nada.

jitters *s* estado de nervo ou ansiedade, calafrios. *I always get the jitters just before I go on stage.* / Eu sempre tenho calafrios antes de subir no palco.

jive *s* mentira, papo-furado, conversa fiada. *Don't give me that jive!* / Não me venha com esse papo-furado! • *v* **1** enganar, mentir. *Don't jive me! I know where you were last night.* / Não minta para mim! Eu sei onde você estava ontem à noite! **2** dançar. *She can really jive.* / Ela realmente sabe dançar. **3** estar de acordo, encaixar, bater. *His story doesn't jive with the witness' version.* / A história dele não bate com a versão da testemunha.

jizz *s vulg* sêmen, esperma. *The police found jizz on the victim's clothes.* / A polícia encontrou esperma nas roupas da vítima. • *v* ejacular, gozar. *I almost jizzed when I saw her in her panties.* / Eu quase gozei quando a vi só de calcinha.

job *s* assalto, roubo, fita, serviço. *They're planning on pulling the job tonight.* / Eles estão planejando fazer o serviço hoje à noite.

jock *s* pessoa fanática por esportes. *He's a real jock. All he thinks about is playing hockey.* / Ele é um verdadeiro fanático por esportes. Só pensa em jogar hóquei.

Joe Blogg / **Joe Blow** *s* nome usado para descrever uma pessoa comum, um cidadão comum. *The tax increase is going to affect Joe Blow a lot more than the wealthy.* / O aumento de impostos vai afetar mais o cidadão comum do que os ricaços.

john *s* banheiro. *Where's the john?* / Onde fica o banheiro?

John Thomas *s* pênis, pinto, pau. *I'd never show my John Thomas in a magazine.* / Eu nunca mostraria o meu pinto numa revista.

johnny *s Brit* preservativo, camisinha. *Can you pick up a pack of johnnies at the pharmacy?* / Você pode pegar uma caixa de camisinhas na farmácia?

johnson *s* pênis, pinto, pau. *He thinks all the girls are interested in his johnson.* / Ele acha que todas as garotas estão interessadas no pinto dele.

joint *s* **1** cigarro de maconha, baseado. *Feel like smoking a joint?* / Você está a fim de fumar um baseado? **2** pequeno estabelecimento comercial, lanchonete. *We had a hamburger at a cheap joint on the highway.* / Nós comemos um hambúrguer numa lanchonete na beira da estrada. **3** casa ou prédio em geral. *There's a party at Bob's joint tonight.* / Tem uma festa na casa do Bob hoje à noite. **4** (usado com o artigo *the*) cadeia, prisão. *So, when did Hank get out* *of the joint?* / Então, quando o Hank saiu da cadeia?

joker *s* **1** palhaço, brincalhão. *That's Jeff! Always the joker at parties!* / Esse é o Jeff! Sempre o brincalhão das festas! **2** malandro, pilantra, engraçadinho. *Some joker let the air out the tires.* / Algum engraçadinho esvaziou os pneus do carro.

jolly *Brit adv* bastante, bem, muito. *The hotels were jolly expensive in Paris.* / Os hotéis eram bem caros em Paris. *We had a jolly good time at the party.* / Nós nos divertimos muito na festa.

josh *v* brincar, caçoar, zombar, zoar. *He's just joshing you. He's not a cop.* / Ele só está te zoando. Ele não é policial.

jugs *s* seios, peitos. *Check out the jugs on that girl!* / Olha só os peitos daquela garota!

juice *s* **1** corrente elétrica, eletricidade. *Right! Turn on the juice and let's see if it works!* / Certo! Liga na tomada para ver se funciona! **2** combustível. *There's not enough juice in the plane to get to Mexico.* / Não tem combustível suficiente no avião para chegar até o México. **3** poder, influência. *He has a lot of juice in Washington.* / Ele tem muita influência em Washington. **4** dinheiro, grana. *It takes a lot of juice to live in this neighborhood.* / Você precisa ter muita grana para morar nesse bairro. **5** vigor, vitalidade, energia. *Barbara might be old, but she's got a lot of juice in her still!* / A Barbara pode ser idosa, mas tem muita energia ainda!

juicy *adj* interessante, picante (geralmente notícia, fofoca etc.). *I've just heard some juicy gossip about Sandra!* / Eu ouvi umas fofocas picantes sobre a Sandra!

junk *s* heroína (droga). *The police busted Frank with a kilo of junk.* / A polícia prendeu o Frank com um quilo de heroína.

junk food *s* comida rápida e geralmente pouco saudável (hambúrguer, batata frita, refrigerante etc.), porcaria, besteira. *The kids just want to eat junk food.* / As crianças só querem comer besteira.

junk mail *s* correspondência indesejada e não solicitada, como propaganda, promoções, circulares etc.; lixo. *Half of the mail I get is junkmail!* / Metade das correspondências que eu recebo é lixo.

junkie *s* **1** pessoa viciada em drogas pesadas (geralmente heroína), drogado, noia. *The park is full of junkies at night.* / O parque fica cheio de noias à noite. **2** pessoa viciada em qualquer coisa. *You're becoming a coffee junkie!* / Você está ficando viciado em café!

k

K *s* mil (dólares, bytes etc.). *I wouldn't pay fifty K for a car like that.* / Eu não pagaria cinquenta mil por um carro desse.

kaput *adj* totalmente destruído, acabado, detonado, ferrado etc. *The car is kaput.* / O carro está totalmente detonado.

kecks *s Brit* cueca. *You're having a laugh if you think I'm going to wash your kecks!* / Você está muito enganado se acha que eu vou lavar as suas cuecas!

keen *adj* ótimo, excelente, da hora, incrível, animal. *That's a keen watch!* / Esse relógio é da hora!

keener *s Can* puxa-saco. *Bob is such a keener. He agrees with everything the boss says!* / O Bob é um baita de um puxa-saco. Ele concorda com tudo o que o chefe diz!

keeper *s* algo que está bom para manter, guardar, conservar etc. *This orange is a keeper. You can throw the others out.* / Esta laranja está boa. Você pode jogar fora as outras.

keester *s* nádegas, bunda, traseiro. *I gave him a kick in the keester.* / Eu dei um chute na bunda dele.

kegs *V* kecks.

kerfuffle *s Can* confusão, vexame, escândalo. *There was a big kerfuffle over the bill.* / Teve uma baita confusão por causa da conta.

kevved up *adj Brit* modificado para ficar mais potente (motor), mexido, tunado, envenenado, turbinado. *That car is kevved up for sure.* / Esse carro é tunado, com certeza.

key pal *s* amigo de correspondência na internet. *Susan has a lot of key pals.* / A Susan tem um monte de amigos na internet.

keyed / keyed up *adj* **1** nervoso, agitado, ansioso. *Why is Julian so keyed up?* / Por que o Julian está tão nervoso? **2** animado, entusiasmado. *The kids are all keyed up about the party.* / As crianças estão todas animadas com a festa.

keyster V *keester*.

kick s **1** prazer, curtição, barato. *How can you get a kick out of golf? It's so boring!* / Como é que você pode curtir golfe? É tão chato! **2** efeito ou impacto forte. *This stuff really has a kick.* / Esse troço realmente tem um efeito forte. • v **1** largar, parar de usar (vício). *I never thought he could kick coke.* / Eu nunca pensei que ele poderia parar de usar cocaína. **2** reclamar, queixar-se, resmungar. *He's always kicking about the food!* / Ele está sempre reclamando da comida!

kick / kick off v morrer, bater as botas. *Mr. Walsh kicked off last year.* / O Sr. Walsh morreu no ano passado.

kick ass / kick some ass v *Amer vulg* vencer, detonar, arrasar. *OK, lads, let's get out on the pitch and kick some ass!* / É isso aí, rapaziada, vamos entrar em campo e detonar!

kick-ass adj *Amer vulg* **1** forte, poderoso, turbinado. *The car has a kick-ass 8 cylinder engine.* / O carro tem um motor poderoso de 8 cilindros. **2** ótimo, excelente, da hora, incrível, animal. *She gave a real kick-ass party last week.* / Ela deu uma festa animal na semana passada.

kickback / kick back s dinheiro que se recebe em favor de algo, propina, suborno. *Do you think all cops take kickbacks?* / Você acha que todo policial aceita propina? • v **1** relaxar e curtir, ficar numa boa. *I wish I could kick back at the club today!* / Quem me dera poder ficar numa boa no clube hoje!

kicken / kickin' / kicking adj ótimo, excelente, incrível, animal. *That guitar is kicking!* / Essa guitarra é animal!

kiddo (derivação de *kid*) s *Brit* pessoa mais jovem, garoto, garota. *Hey, kiddo! What's up?* / E aí, garoto. Como é que é?

kiester V *keester*.

kike s *pej* judeu (pessoa). *The guy next door is a kike.* / O vizinho do lado é judeu.

kill v **1** fazer sucesso com a plateia, arrasar. *'How did Carol's presentation go?' 'Great! She killed them!'* / 'Como foi a apresentação da Carol?' 'Ótima! Ela arrasou!' **2** comer ou beber o restante de algo, comer ou beber tudo, matar. *Kill this beer and we'll get another.* / Mata essa cerveja para a gente pedir outra. **3** destruir, estragar, arruinar algo. *The rain killed our plans to go to the beach.* / A chuva estragou nossos planos de ir à praia.

killer adj ótimo, excelente, da hora, incrível, animal. *That's a killer car!* / Esse carro é animal!

killjoy s estraga-prazeres, desmancha-prazeres. *Don't be such a killjoy and come to the party with us!* / Não seja um estraga-prazeres e venha à festa com a gente!

kinky adj pervertido, safado, bizarro (comportamento). *She's into* *straight sex, not that kinky stuff.* / Ela gosta de sexo normal, e não dessas coisas bizarras.

kip *s Brit* sono, soneca, cochilo. *She always has a kip in front of the telly.* / Ela sempre tira uma soneca na frente da televisão. • *v* dormir, cochilar, tirar uma soneca. *He's kipping in the room next door.* / Ele está dormindo no quarto ao lado.

kiss my ass *interj vulg* vá para o inferno, vá se foder. *Kiss my ass, you idiot!* / Vá se foder, seu idiota!

kiss-ass *s vulg* pessoa servil, puxa-saco. *I'm sick and tired of that kiss-ass!* / Eu estou cansado daquele puxa-saco!

kisser *s* rosto, face ou boca. *You should've given him a punch in the kisser.* / Você deveria ter dado um soco na cara dele.

kiss-off *s* demissão. *After the kiss-off, he sued the company.* / Depois da demissão, ele processou a empresa.

kit and caboodle *s* tudo, o kit completo, tudo a que se tem direito. *This car has air conditioning, stereo, the whole kit and caboodle.* / Este carro tem ar-condicionado, som, tudo a que se tem direito. • *adv* com todos os pertences, de mala e cuia. *She moved in to my place kit and caboodle.* / Ela se mudou para a minha casa de mala e cuia.

kitsch *s* entretenimento popular e brega (filme, programa de TV, arte etc.). *You won't see that kind of kitsch at the Cannes Film Festival.* / Você não vai encontrar esse tipo de filme brega no Festival de Cannes.

kitschy *adj* popular, vulgar, brega. *I thought his latest film was a bit too kitschy.* / Eu achei o último filme dele bem vulgar.

kiwi *s* neozelandês (pessoa). *We met some nice kiwis at the hotel.* / Nós conhecemos uns neozelandeses simpáticos no hotel.

klepto (abreviação de *kleptomaniac*) *s* cleptomaníaco. *Half of my CDs are missing. I think my roomate is a klepto.* / Metade dos meus CDs sumiu. Eu acho que o meu colega de quarto é um cleptomaníaco.

klotz / **klutz** *s* idiota, imbecil, babaca, tonto. *The klutz spilled wine on the carpet!* / O imbecil derramou vinho no carpete!

knackered *adj* cansado, exausto, só o pó. *I'm off to bed. I'm utterly knackered!* / Eu estou indo dormir. Estou só o pó!

knees up *s* festa. *We're having a knees up at my place tonight.* / Nós vamos dar uma festa na minha casa hoje à noite.

knob *s vulg* **1** cabeça do pênis. *I hurt my knob on the zipper.* / Eu machuquei a cabeça do meu pênis com o zíper. **2** idiota, imbecil, babaca, tonto. *Some knob cut me off in traffic.* / Um imbecil me fechou no trânsito.

knock *v* criticar, falar mal. *Don't knock things you don't know!* /

Não critique as coisas que você não conhece!

knock back *v* beber, tomar (bebida alcoólica). *We knocked back a few beers after work.* / A gente tomou umas cervejas depois do expediente.

knock it off *interj* pare com isso, fique quieto, largue a mão. *You've been complaining for two hours! Knock it off!* / Você está reclamando há duas horas! Largue a mão!

knock up *v vulg* engravidar. *He knocked up his girlfriend.* / Ele engravidou a namorada.

knockers *s* seios, peitos. *She's got large knockers!* / Ela tem peitos grandes!

knock-off *s* cópia, imitação. *It's not a real Rolex. It's a knock-off!* / Não é um Rolex verdadeiro. É uma imitação!

knockout / knock-out *s* pessoa muito atraente, gato, gata. *The new girl at the reception is a knock-out!* / A nova recepcionista é uma gata!

know-it-all *s* pessoa que acha que sabe tudo, sabichão, sabidão. *So, know-it-all. How can we fix this?* E aí, sabichão. Como a gente conserta isso?

knuckle sandwich *s* soco, murro. *If you keep that up, I'll give you a knuckle sandwich!* / Se você continuar com isso, eu vou te dar um murro!

knucklehead *s* idiota, imbecil, babaca, tonto. *The knucklehead dented my car.* / O babaca amassou o meu carro.

kook *s* pessoa estranha, maluco, doido. *That kook next door listens to opera all night long.* / O maluco da casa ao lado escuta ópera a noite toda.

kookish / kooky *adj* estranho, maluco, pirado. *Do you still see those kooky friends of yours from school?* / Você ainda encontra aqueles seus amigos malucos da época de escola?

kosher *adj* correto, apropriado, normal, certo. *It's not kosher to wear running shoes with a suit.* / Não é apropriado usar tênis com terno.

kraut *s pej* alemão (pessoa). *The tour bus was full of krauts.* / O ônibus de excursão estava cheio de alemães.

kushty / kushti V *cushty*.

1

L.A. *s* (acrônimo de *Los Angeles*) Los Angeles. *Are you from L.A.?* / Você é de Los Angeles?

lad *s Brit* homem, rapaz, garoto. *I spent the night out with the lads.* / Eu passei a noite fora com a rapaziada.

laddish *adj Brit* machista, arrogante, machão. *I don't like his laddish attitude.* / Eu não gosto da atitude machista dele.

la-di-da / lah-di-dah *adj* arrogante, esnobe, metido. *She acts in such a la-di-da way sometimes!* / Ela age de maneira tão arrogante, às vezes!

lady-killer *s* homem que faz muito sucesso com as mulheres, garanhão. *Jeff is pretty handsome, but he's not exactly a lady-killer.* / O Jeff é boa-pinta, mas não é exatamente um garanhão.

laid-back / laid back *adj* calmo, tranquilo, sossegado. *Everyone gets along with Gina. She's very laid-back.* / Todo mundo se dá bem com a Gina. Ela é supertranquila.

lairy *adj* **1** *Austr* vulgar. *He's a pretty lairy bloke.* / Ele é um cara bem vulgar. **2** *Brit* agressivo, briguento, encrenqueiro. *Watch what you say to Dan. He's rather lairy.* / Cuidado com o que você diz para o Dan. Ele é bem encrenqueiro.

lame *adj* **1** falso, pouco convincente, esfarrapada (desculpa, história). *What a lame excuse!* / Que desculpa esfarrapada! **2** fraco, incapaz, incompetente. *George is lame. He'll never pass his French test.* / O George é incompetente. Ele nunca vai passar no exame de francês.

lamp *v Brit* bater, socar, nocautear. *Tom lamped the guy before he could say anything.* / O Tom socou o cara antes que ele pudesse dizer qualquer coisa.

lap dance *s* dança erótica em que a dançarina senta no colo do freguês. *Hank paid her 20 bucks for a lap dance.* / O Hank pagou 20 dólares para ela fazer uma dança erótica.

large *adj Brit* ótimo, excelente,

incrível, animal. *The party was large!* / A festa foi animal!

laters / later (derivação de *see you later*) *interj* tchau, até mais. *I've got to go now. Later!* / Eu tenho que ir agora. Até mais!

laughing academy *s* hospício, hospital ou internato psiquiátrico. *John belongs in a laughing academy!* / O lugar do John é num hospício!

laughing gear *s Brit* boca. *Can you shut your laughing gear?* / Dá pra você calar a boca?

lay *s vulg* parceiro sexual. *So, is Nancy a good lay?* / E aí, a Nancy é boa de cama? • *v vulg* (geralmente na forma passiva) fazer sexo, transar, comer alguém. *Did you get laid last night?* / Você transou com alguém ontem à noite?

lecko / lecky (derivação de *electricity*) *s Brit* eletricidade, energia, luz. *They had their lecky cut off yesterday.* / Eles tiveram a luz cortada ontem.

left, right and center *adv* em todos os lugares, para todo lado. *I've looked left, right and center, but I can't find my glasses!* / Eu já procurei em todos os lugares, mas não consigo encontrar os meus óculos!

leg it *interj* corra, rasga, vaza. *It's the police! Leg it!* / É a polícia! Vaza!

legit (abreviação de *legitimate*) *adj* legítimo, autêntico. *The document looks legit to me.* / O documento parece autêntico, na minha opinião.

legless *adj* bêbado, chapado, trincado. *He can't drive in that state. He's completely legless!* / Ele não pode dirigir nessas condições. Está completamente chapado!

lemon *s* produto que vem de fábrica com muitos defeitos, abacaxi. *That car has only given me trouble since I bought it. It's a real lemon!* / Esse carro só me dá problemas desde que eu o comprei. Ele é um verdadeiro abacaxi!

lesbo (derivação de *lesbian*) *s pej* lésbica, sapatão. *I didn't know Marsha was a lesbo.* / Eu não sabia que a Marsha era sapatão.

limey *s pej* inglês (pessoa). *We don't like limeys very much here in Australia.* / Nós não gostamos muito dos ingleses aqui na Austrália.

line *s* **1** carreira de cocaína. *He snorted a few lines at the party.* / Ele cheirou umas carreiras de cocaína na festa. **2** história, papo. *Don't give me that old line again!* / Não me venha com esse papo antigo novamente!

lingo *s* **1** língua. *The French are nice if you make the effort to speak their lingo.* / Os franceses são simpáticos quando você faz o esforço de falar a língua deles. **2** vocabulário, jargão. *The engineers speak their own lingo in the meetings.* / Os engenheiros falam o jargão próprio deles nas reuniões.

lip *s* insolência, impertinência, desaforo, má-criação. *I'm not going to take lip from a kid!* / Eu não vou aceitar desaforo de uma criança!

Lit (abreviação de *literature*) *s* literatura. *I'm taking American Lit at school.* / Eu estou estudando literatura americana na escola.

loaded *adj* **1** bêbado, chapado, trincado. *Jack was loaded when he left the party.* / O Jack estava chapado quando saiu da festa. **2** rico, cheio da grana, cheio da nota. *Tom's parents are loaded.* / Os pais do Tom são cheios da grana.

loaf / **loaf of bread** *s Brit* (rima com *head*) cabeça, cuca. *Use your loaf, man!* / Use a cabeça, cara!

loan shark *s* alguém que empresta dinheiro a juros altos, agiota. *The bank wouldn't lend him the money so he had to go to a loan shark.* / O banco não queria emprestar dinheiro para ele, então ele teve que procurar um agiota.

local *s Brit* (sempre com o artigo *the*) bar ou barzinho local. *Let's go down the local and have a few beers.* / Vamos lá no bar tomar umas cervejas.

long shot *s* algo que tem pouca chance de acontecer ou fazer sucesso, tiro no escuro. *Steve applied for the job, but it's a long shot.* / O Steve se candidatou para o emprego, mas é um tiro no escuro.

loo *s Brit* banheiro. *Tracy is in the loo, touching up her makeup.* / A Tracy está no banheiro, retocando a maquiagem.

looker *s* pessoa bonita, gato, gata. *Fred's new girlfriend is a real looker.* / A nova namorada do Fred é uma gata.

loony *s* **1** louco, doido, maluco. *There was a loony on the bus talking to himself.* / Tinha um maluco no ônibus falando sozinho. **2** *Can* moeda de um dólar canadense. *Can you lend me a loony for the bus?* / Você pode me emprestar um dólar para o ônibus?

loony bin *s* hospital ou asilo psiquiátrico, hospício. *She belongs in a loony bin, if you ask me!* / O lugar dela é num hospício, na minha opinião!

loot *s* dinheiro, grana. *Her father has a lot of loot.* / O pai dela tem muita grana.

lose *v* **1** jogar fora. *Lose the cap, man. You look ridiculous!* / Jogue fora esse boné, cara. Você está ridículo! **2** livrar-se, despistar, dar um perdido em alguém. *Lose your brother so we can be alone!* / Dá um perdido no seu irmão para a gente ficar sozinho!

lose it *v* perder o controle de si, perder a cabeça. *At that point Dave lost it and started screaming at the guy.* / Àquela altura o Dave perdeu a cabeça e começou a gritar com o cara.

loser *s* pessoa que não faz sucesso na vida, fracassado, perdedor.

Why did she marry that loser? / Por que ela se casou com aquele fracassado?

lousy *adj* de má qualidade, malfeito, péssimo, horrível. *What a lousy film!* / Que filme horrível!

love bite *s* marca de mordida ou chupão no pescoço (de amante, namorado etc.). *She likes the kissing, but not the love bites.* / Ela gosta de beijos, mas não de marcas de mordida no pescoço.

love handles *s* termo carinhoso para descrever o excesso de gordura em volta da cintura, pneuzinhos sexies. *I'm not fat, darling! These are my love handles!* / Eu não estou gordo, querida! Esses são os meus pneuzinhos sexies!

low-key *adj* calmo, tranquilo, modesto. *Barbara is very low-key. That's why everyone likes her.* / A Barbara é bem modesta. Por isso é que todo mundo gosta dela. *You'll love the hotel. It's very low-key.* / Você vai adorar o hotel. Ele é bem tranquilo.

lowlife *s* pessoa desonesta ou de má reputação, criminoso, vida-torta. *Why do you hang around with that lowlife?* / Por que você anda com esse vida-torta?

luck out *v* ter sorte em algo, acertar em algo. *You really lucked out when you married Janet. She's a great gal!* / Você realmente acertou quando se casou com a Janet! Ela é uma ótima garota!

lug *s* pessoa desajeitada e pouco inteligente, trapalhão (termo nem sempre usado em tom negativo). *He's a lovable big lug, isn't he?* / Ele é um grande e adorável trapalhão, não é mesmo?

lughole / **lug** *s Brit* ouvido, orelha. *She smacked him round the lughole.* / Ela deu um tabefe no ouvido dele.

lulu *s* pessoa atraente, gato, gata. *The waitress is a real lulu, don't you think?* / A garçonete é uma verdadeira gata, você não acha?

lunkhead *s* idiota, imbecil, babaca, tonto. *Call that lunkhead of a mechanic! The car still doesn't work right!* / Liga para aquele imbecil do mecânico! O carro ainda não está funcionando direito!

lush *s* bêbado, bebum, cachaceiro, pé de cana. *Drinking at this time? People will start calling you a lush!* / Bebendo a essa hora? As pessoas vão começar a te chamar de pé de cana!

luvverly jubberly *adj* ótimo, excelente, da hora, incrível, animal. *Our trip to Europe was just luvverly jubberly!* / A nossa viagem para a Europa foi incrível!

m

macho *adj* viril, machão, durão, machista. *He's always ordering his wife around. He's too macho for my taste.* / Ele está sempre mandando e desmandando na mulher dele. Ele é muito machista para o meu gosto.

make out *v* beijar, trocar carícias, agarrar-se, dar um amasso. *They were making out on the back seat.* / Eles estavam se agarrando no banco de trás do carro.

malarkey *s* mentira, papo-furado, besteira. *You don't believe all that malarkey about UFOs, do you?* / Você não acredita nessa besteira de OVNIs, né?

man *s* termo usado para se dirigir a amigos ou pessoas íntimas. Algo como: cara, meu, mano. *Hey man, where you been?* / E aí, cara, por onde tem andado? • *interj* puxa, caramba. *Man, am I hungry!* / Puxa, que fome!

man boobs *s Brit vulg* seios de gordura em homem que bebe muita cerveja, tetas. *Look at those man boobs on those guys!* / Olha as tetas daqueles caras!

mantrap *s* mulher perigosa que usa sedução para tirar proveito de homens, mulher interesseira, golpista. *It's her third marriage to a millionaire. I'd say she's a mantrap!* / É o terceiro casamento dela com um milionário. Eu diria que ela é uma golpista!

marge (derivação de *margarine*) *s* margarina. *Do you want marge on your toast?* / Você quer margarina na sua torrada?

marinate *v Amer* ficar à toa, matar tempo fazendo nada. *Do you expect me to marinate here while you buy your shoes?* / Você espera que eu fique aqui à toa enquanto você compra os seus sapatos?

mark *s* vítima de golpe ou roubo. *They choose their mark at the ATM and wait for the right moment to rob them.* / Eles escolhem a vítima no caixa eletrônico e esperam o momento certo para roubá-la.

Mary Jane *s* maconha. *Mike got busted with a kilo of Mary Jane.* / O Mike foi preso com um quilo de maconha.

mash s purê de batata. *Feel like sausage and mash tonight?* / Que tal linguiça e purê de batata hoje à noite?

massive adj Brit ótimo, excelente, da hora, incrível, animal. *The food here is massive!* / A comida aqui é ótima!

mate s Brit amigo, colega, parceiro, irmão, mano. *I had a few beers with my mates.* / Eu tomei umas cervejas com os meus amigos. *What's up, mate?* / E aí, mano?

max (abreviação de *maximum*) s máximo, limite. *Turn it up to the max! I love this song!* / Aumente o volume para o máximo! Eu adoro essa música!

max out v ultrapassar o limite, estourar (limite de crédito). *I maxed out all my credit cards at the mall last week.* / Eu estourei o limite de todos os meus cartões de crédito no shopping na semana passada.

mayo (abreviação de *mayonnaise*) s maionese. *I'd like a turkey sandwich with lettuce and tomato, but hold the mayo.* / Eu vou querer um sanduíche de peru com alface e tomate, mas sem maionese.

MC (acrônimo de *master of ceremony*) s mestre de cerimônias, apresentador. *Who is the MC this year at the Oscars?* / Quem é o apresentador do Oscar este ano?

mean adj ótimo, excelente, da hora, incrível, animal, fera. *That Porsche is one mean car, man!* / Esse Porsche é um carro animal, cara! *Jeff shoots a mean game of pool.* / O Jeff é fera no bilhar.

meat s mulher atraente, gata, filé. *Marina is a piece of meat!* / A Marina é uma gata!

meaty adj profundo, inteligente. *Her new book on Greek art is quite meaty.* / O novo livro dela sobre arte grega é bastante profundo.

meds (derivação de *medication*) s medicação, medicamento, remédio. *Are you taking any meds for that?* / Você está tomando algum medicamento pra isso?

mega adj grande, super. *The party was mega fun!* / A festa foi superdivertida! *His new book is a mega bestseller.* / O novo livro dele é um grande best-seller.

megabucks s muito dinheiro, uma nota preta. *Dave made megabucks in the stock market.* / O Dave ganhou uma nota preta no mercado financeiro.

mellow adj calmo, tranquilo, suave. *Randy is one of those mellow types that gets along with everyone.* / O Randy é um daqueles caras tranquilos que se dá bem com todo mundo. *Let's put on some mellow music for dinner.* / Vamos colocar uma música suave para o jantar.

melon s **1** cabeça, cuca. *Use your melon, Frank!* / Use a cabeça, Frank! **2** seios fartos, melões. *Check out the melons on that girl!* / Olhe os melões daquela garota.

men in blue *s* polícia. *Where are the men in blue when you need them?* / Onde está a polícia quando você precisa dela?

mess *s* grande quantidade, um monte, uma porrada. *I've got a mess of things to do before I leave the office today.* / Eu tenho uma porrada de coisas para fazer antes de sair do escritório hoje. • *v* interagir, relacionar-se, envolver-se, mexer com alguém ou algo. *Don't mess with those people. They're dangerous.* / Não se envolva com essa gente. Eles são perigosos.

MF *s vulg* (acrônimo de *motherfucker*) pessoa que não presta, filho da puta. *Who's the MF that took my CD?* / Quem foi o filho da puta que pegou o meu CD?

mick *s pej* irlandês (pessoa). *He drinks like a bloody mick!* / Ele bebe como um verdadeiro irlandês!

mickey *s Can* pequena garrafa de uísque, vodca etc. usada para carregar no bolso. *I took a mickey of Scotch with me to the show.* / Eu levei uma pequena garrafa de uísque comigo para o show.

mickey mouse *adj* **1** trivial, muito fácil, moleza, bico. *The math test was mickey mouse!* / A prova de matemática foi moleza! **2** má qualidade, fajuto, de meia-tigela. *Hire a good lawyer, not a mickey mouse one like John!* / Contrate um bom advogado, não um advogado de meia-tigela, como o John! *Don't buy those cheap mickey mouse cameras made in China. They break all the time.* / Não compre aquelas câmeras fajutas fabricadas na China. Elas vivem quebrando.

miffed *adj* chateado, zangado, bravo. *I hope you're not miffed about last night.* / Eu espero que você não esteja chateado por causa de ontem à noite.

milf *s vulg* (acrônimo de *mom I'd love to fuck*) mulher madura e sexy, coroa gostosa. *Dude, what a milf!* / Cara, que coroa gostosa!

minces / mincers / mince pies *s Brit* (rima com *eyes*) olhos. *She's got the most beautiful minces!* / Ela tem os olhos mais lindos!

mind-blowing *adj* impressionante, chocante, surpreendente, animal. *Their latest CD is mind-blowing!* / O último CD deles é animal!

minger *s* mulher feia, mocreia, baranga, tribufu, canhão, bruaca, jaburu. *Don't tell me you're going out with that minger!* / Não me diga que você está saindo com aquela bruaca!

mingy (derivação de *miserly* e *stingy*) *adj Brit* sovina, egoísta, fominha, miserável. *Don't be so mingy and share that pie with your brother!* / Não seja tão fominha e divida essa torta com o seu irmão!

mint *s* muito dinheiro, fortuna, nota preta. *That car must have cost him a mint.* / Aquele carro deve ter custado a ele uma nota preta.

mitt *s* mão. *Get your mitts off that pie! It's for dessert!* / Tire as mãos dessa torta! Ela é para a sobremesa!

mo (abreviação de *moment*) *s* momento, instante. *Just a mo. I'll be right back!* / Só um momento. Eu já volto!

mob *s* **1** multidão, ralé. *Look at the mob lining up to buy tickets!* / Olha a multidão na fila para comprar ingressos. **2** máfia. *I've heard he works for the mob.* / Eu ouvi dizer que ele trabalha para a máfia.

moby (derivação de *mobile phone*) *s Brit* telefone celular. *Has anyone seen my moby? I can't find it.* / Alguém viu o meu celular? Eu não consigo encontrá-lo.

mod cons (derivação de *modern conveniences*) *s* conforto e conveniências modernas de uma casa, como água quente, aquecimento interno, eletrodomésticos. *I wouldn't be able to live without all the mod cons.* / Eu não conseguiria viver sem as conveniências da vida moderna.

money *adj* bonito, ótimo, excelente, elegante. *You look so money in that new dress!* / Você está ótima nesse vestido novo!

monkey bite *s* mordida carinhosa que deixa marca na pele, chupão. *Ouch! I hate those monkey bites!* / Ai! Eu odeio essas mordidas!

monster *adj* excelente, maravilhoso, da hora, incrível, animal. *The movie is absolutely monster!* / O filme é animal!

Montezuma's revenge *s Amer* cocô mole, diarreia (adquirida em viagem ao México). *Poor Wendy had a terrible case of Montezuma's revenge on our trip to California.* / A coitada da Wendy teve uma diarreia horrível na nossa viagem para a Califórnia.

moo juice *s* leite de vaca. *Do you want a glass of moo juice?* / Você quer um copo de leite?

moobs *s Brit vulg* seios de gordura em homem que bebe muita cerveja, tetas. *You'll have to work out, if you really want to get rid of those ridiculous moobs.* / Você vai ter que malhar se realmente quiser se livrar dessas tetas ridículas.

moola / moolah *s* dinheiro, grana. *That's a lot of moolah for a TV set.* / É muita grana por um aparelho de TV.

moon *v* abaixar as calças e mostrar a bunda para alguém em tom de brincadeira. *The kids mooned the people in the car behind.* / As crianças mostraram a bunda para as pessoas do carro de trás.

moonshine *s Amer* bebida alcoólica destilada em casa ilegalmente, cachaça. *The local moonshine isn't bad, but it gives you a terrible hangover!* / A cachaça local não é ruim, mas te dá uma puta ressaca!

moose *s* mulher feia, mocreia, baranga, tribufu, canhão, bruaca, jaburu. *Who was the moose you took to the dance last night?* / Quem era a baranga que você levou ao baile ontem à noite?

moreish / morish *adj* algo tão delicioso que dá vontade de comer mais. *These chocolates are very moreish! I can't stop eating them!* / Estes chocolates são tão deliciosos! Eu não consigo parar de comê-los!

mosh *v* colidir com outras pessoas de propósito dançando, dançar dando trombadas. *The kids were moshing in front of the stage.* / Os garotos estavam dançando e dando trombadas na frente do palco.

moshpit *s* a área em frente ao palco onde as pessoas se trombam ao dançar. *I hurt my head while I was dancing in the moshpit.* / Eu machuquei a cabeça enquanto dançava em frente ao palco.

mother (abreviação de *motherfucker*) *s* pessoa, cara. *Jack is one crazy mother!* / O Jack é um cara louco!

motherfucker *s vulg* **1** pessoa que não presta, filho da puta. *I'll never speak to that motherfucker again!* / Eu nunca mais vou falar com aquele filho da puta! **2** pessoa, amigo, cara. *So I asked the motherfucker to have a beer with us.* / Aí eu convidei o cara para tomar uma cerveja com a gente.

motor-mouth *s* pessoa que fala muito, tagarela. *The motor-mouth has been going on for two hours about his new job.* / O tagarela está falando há duas horas sobre o novo emprego dele.

mouse potato *s* pessoa que passa muito tempo na frente do computador, viciado em computador. *Anyone who spends more than 6 hours a day surfing the net is a mouse potato, if you ask me!* / Qualquer pessoa que passa mais de 6 horas por dia surfando na internet é um viciado em computador, na minha opinião!

mouth off *v* responder a alguém de maneira desrespeitosa, retrucar. *Don't mouth off to your mother!* / Não retruque para a sua mãe!

mouthpiece *s* **1** porta-voz. *The company mouthpiece met with the press to clarify the situation.* / O porta-voz da empresa se encontrou com a imprensa para esclarecer a situação. **2** *pej* advogado. *He won't answer questions without consulting his mouthpiece.* / Ele não vai responder às perguntas sem consultar o advogado dele.

mozzie (derivação de *mosquito*) *s* mosquito, pernilongo. *Let's go inside. There are too many mozzies here.* / Vamos entrar. Tem muito pernilongo aqui.

Mr. Nice Guy *s* pessoa boa de quem todo mundo tira proveito, bonzinho, bom samaritano. *I help everyone at work and never get any credit. I'm sick of being Mr. Nice Guy!* / Eu ajudo todo mundo no serviço e nunca sou reconhecido. Estou cansado de bancar o bonzinho!

Mr. Right *s* homem certo ou ideal para se casar. *My new boyfriend is smart, kind and rich. I think he's Mr. Right!* / Meu novo namorado é inteligente, gentil e rico. Eu acho que ele é o homem ideal para se casar!

mucky *adj* **1** sujo, imundo. *Where have you been? Your clothes are all mucky!* / Onde você esteve? Suas roupas estão imundas! **2** erótico, pornográfico. *The mucky films on TV start after midnight.* / Os filmes eróticos na TV começam depois da meia-noite.

mug *s* **1** face, rosto. *What an ugly mug you've got!* / Que cara feia que você tem! **2** pessoa fácil de enganar, trouxa, otário. *It won't be easy to find a poor mug who wants to buy your old car.* / Não vai ser fácil achar um otário que queira comprar o seu carro velho.

mug shot *s* fotografia de identificação tirada pela polícia. *They identified the robber in the mug shots at the station.* / Eles identificaram o ladrão pelas fotos na delegacia.

mugger *s* assaltante (de mão armada). *We don't walk in the park after dark because of the muggers.* / Nós não andamos no parque depois de escurecer por causa dos assaltantes.

munch *v* comer, beliscar algo. *Do you have anything to munch on with your beer?* / Você tem alguma coisa para beliscar para acompanhar a cerveja?

munch out *v* comer muito, devorar, encher a barriga. *We munched out on pizza after the game.* / Nós enchemos a barriga de pizza depois do jogo.

munchies *s* **1** comida para beliscar, petiscos. *Have you got any munchies to have with our beers?* / Você tem algum petisco para acompanhar as cervejas? **2** fome. *Someone had the munchies in the middle of the night and took the last piece of cake!* / Alguém ficou com fome no meio da noite e comeu o último pedaço de bolo! **3** fome que dá depois de fumar maconha, larica. *Smoking grass always gives me the munchies.* / Fumar maconha sempre me dá larica.

munchkin *s* criança. *Are the munchkins in bed?* / As crianças estão na cama?

mush *s* **1** *Brit* boca. *Would you shut your mush and listen to me?* / Dá pra você calar a boca e me ouvir? **2** *Brit* pessoa, cara, maluco. *Hey, mush, what's up?* / E aí, maluco, o que tá pegando?

mushy (derivação de *mushroom*) *s Brit* cogumelo. *Do you feel like trying some of these mushies?* / Você está a fim de experimentar um pouco desses cogumelos?

mutt's nuts *adj Brit* ótimo, excelente, da hora, incrível, animal. *Martha, this cake is the mutt's nutts!* / Martha, este bolo está excelente!

MYOB (acrônimo de *mind your own business*) *v* tome conta da sua vida, não se intrometa. *I don't mean to be rude, but why don't you MYOB?* / Eu não quero ser grosseiro, mas por que você não toma conta da sua vida?

n

nab *v* **1** prender. *The police nabbed them at the airport with the diamonds.* / A polícia os prendeu no aeroporto com os diamantes. **2** pegar, adquirir, conseguir. *OK if I nab a beer from the fridge?* / Tudo bem se eu pegar uma cerveja na geladeira?

nada *s* (do espanhol) nada. *I know nada about computers.* / Eu não manjo nada de computador.

naff *adj* de mau gosto, brega, cafona, vulgar, chulo. *Did you see Brenda's dress? Totally naff!* / Você viu o vestido da Brenda? Totalmente cafona!

naff off *interj* me deixe em paz, some daqui. *Naff off! I'm really busy right now.* / Some daqui! Eu estou muito ocupado agora.

nag *s* **1** pessoa que importuna com constantes reclamações, perguntas, resmungos etc., chato, mala, pé no saco. *I said I'll help you, so quit asking. Don't be such a nag!* / Eu disse que vou te ajudar, então pare de perguntar. Não seja chato! **2** cavalo de qualidade inferior, pangaré. *It's not exactly a racehorse, but I wouldn't say it's a nag, either.* / Ele não é exatamente um cavalo de corrida, mas eu também não diria que é um pangaré. • *v* importunar alguém com reclamações, perguntas, resmungos etc., encher o saco de alguém. *My wife has been nagging me for a week to fix the leak in the bathroom.* / A minha mulher está me enchendo o saco há uma semana para eu consertar o vazamento no banheiro.

nail (abreviação de *coffin nail*) *s* cigarro. *Give me a nail!* / Me dá um cigarro! • *v* **1** prender. *They nailed the robbers as they left the bank.* / Eles prenderam os assaltantes assim que eles saíram do banco. **2** acertar, atingir (com tiro, pedra etc.). *Nicky nailed the guy with a rock.* / O Nicky acertou o cara com uma pedra. **3** dar-se bem, sair-se bem (em prova, entrevista etc.). *Man, I nailed the interview!* / Cara, eu me saí bem na entrevista! **4** fazer sexo, transar, comer alguém. *Well? Did you nail her or what?* / E aí? Você transou com ela, afinal?

Nam (abreviação de *Vietnam*) *s* Vietnã. *That's a monument for the guys who died fighting in Nam.* / Aquele é um monumento para os caras que morreram lutando no Vietnã.

nancy boy / **nancy** *s Brit pej* **1** menino ou homem afeminado, veadinho, boiola. *Who's the nancy boy in the pink pants?* / Quem é o veadinho de calça rosa? **2** homossexual (homem), gay, veado, bicha, boiola. *I didn't know Henry was a nancy.* / Eu não sabia que o Henry era veado.

nark *s* informante (de polícia), espião. *I think there's a nark in the organization.* / Eu acho que há um informante na organização. • *v* **1** informar as autoridades de algo errado, caguetar, entregar alguém. *They'll kill you if they find out you narked on them.* / Eles vão te matar se descobrirem que você os entregou. **2** *Brit* chatear, aborrecer, encher alguém. *That music is starting to nark me!* / Essa música está começando a me encher! **3** reclamar. *She's been narking all morning about the mess in the house.* / Ela está reclamando desde cedo por causa da bagunça na casa.

natch (derivação de *naturally*) *adv* obviamente, naturalmente. *He'll only do it if you pay him, natch.* / Ele só vai fazer isso se você o pagar, obviamente.

natter *s* conversa sem importância, papo-furado, conversa fiada. *Can you quit this natter about sports?* / Dá para parar com esse papo-furado sobre esportes? • *v* conversar, bater papo, jogar conversa fora. *What are you two nattering on about?* / Sobre o que vocês dois estão conversando?

nazzy *adj* elegante, chique. *What a nazzy suit! Where did you get it?* / Que terno chique! Onde você o comprou?

neat *adj* excelente, ótimo, da hora, incrível, animal. *Hey, that's a neat jacket! Where did you get it?* / Ei, essa jaqueta é animal! Onde você a comprou? • *interj* legal, ótimo, da hora. *Neat! You made it!* / Legal! Vocês conseguiram!

neck *v* abraçar e beijar, namorar, dar um amasso, dar um pega. *They were necking in the car.* / Eles estavam dando um pega dentro do carro.

nerd *s* estudante assíduo, CDF. *We're all here having fun and Clive is studying. He's such a nerd!* / A gente está aqui se divertindo e o Clive está estudando. Que cara mais CDF!

netizen (derivação de *internet citizen*) *s* usuário de internet. *The number of netizens around the world is growing each day.* / O número de usuários de internet no mundo está aumentando a cada dia.

never mind *interj* esquece, deixa pra lá, não esquenta. *Oh, never mind! You wouldn't understand anyway!* / Ah, deixa pra lá! Você não entenderia mesmo!

newt *s* idiota, imbecil, babaca, tonto. *You act like a newt some-*

times! / Você se comporta como um imbecil, às vezes!

nice one *interj* é isso aí, mandou ver. *Nice one, Jeff! Beautiful goal!* / Mandou ver, Jeff! Belo gol!

nick *s* **1** *Brit* cadeia, prisão ou delegacia. *Tom spent two years in the nick.* / O Tom passou dois anos na cadeia. **2** (abreviação de *nickname*) apelido. *Everyone at school has a nick. Mine is 'Spike'.* / Todo mundo na escola tem um apelido. O meu é 'Spike'. • *v Brit* **1** roubar, passar a mão em algo. *Someone nicked my wallet on the bus!* / Alguém roubou a minha carteira no ônibus! **2** prender (polícia). *The police nicked the bank robbers this morning.* / A polícia prendeu os assaltantes do banco hoje de manhã.

nickel and dime *v* brigar por ou cobrar até o último centavo, brigar por coisas triviais. *The hotel will nickel and dime you for everything so don't even ask for extra pillows!* / O hotel vai cobrar até o último centavo por tudo, então nem peça travesseiros extras! • *adj* trivial, sem valor, insignificante. *He's just a nickel and dime lawyer with no prospects.* / Ele é apenas um advogado insignificante, sem perspectiva.

nickel *s* moeda de cinco centavos norte-americana ou canadense. *The Coke machine doesn't take nickels.* / A máquina de Coca--Cola não aceita moedas de cinco centavos.

nifty *adj* excelente, ótimo, da hora, incrível, animal. *That's a pretty nifty camera!* / Essa câmera é incrível!

nigger *s Amer pej* negro (embora entre negros geralmente não tenha significado pejorativo). *He was arrested for saying he wouldn't hire a nigger in his company.* / Ele foi preso por dizer que não contrataria um negro na empresa dele.

nimrod *s* idiota, imbecil, babaca, tonto. *Who's the nimrod who wrote this?* / Quem foi o tonto que escreveu isso?

nip *s pej* japonês (pessoa). *It's full of nips around here.* / Está cheio de japoneses por aqui.

nipper *s* criança pequena. *She's at home with the little nippers tonight.* / Ela está em casa com as crianças hoje à noite.

nippy *adj* frio. *It's pretty nippy outside. Better take your jacket.* / Está bem frio lá fora. É melhor você levar a sua jaqueta.

nitpick *v* apontar ou corrigir os mínimos erros ou detalhes insignificantes. *I know there are a few spelling mistakes in the report. You don't have to nitpick!* / Eu sei que há alguns erros de ortografia no relatório. Você não precisa corrigir os mínimos detalhes.

nitpicker *s* pessoa que critica tudo sem necessidade, cricri, xarope, enjoado. *David is such a nitpicker! No one likes to work* with him! / O David é muito cricri! Ninguém gosta de trabalhar com ele!

nitwit s idiota, imbecil, babaca, tonto. *The nitwit locked the keys in the car and we had to call a locksmith!* / O idiota trancou as chaves no carro e a gente teve que chamar um chaveiro!

nix s nada. *I got nix for all my effort!* / Eu não recebi nada por todo o meu esforço! • v vetar, cancelar, suspender algo. *I say we nix the museum and go to the cinema instead.* / Eu proponho que a gente cancele o museu e vá ao cinema. • interj não, negativo, nada disso. *Nix! I won't do it!* / Não! Eu não vou fazer isso!

no can do interj não dá, sem chance. *'Can you work this Sunday?' 'No can do!'* / 'Você pode trabalhar neste domingo?' 'Sem chance!'

no dice interj sem chance, nada feito. *'Can you lend me ten dollars?' 'No dice! You still owe me money!'* / 'Você me empresta dez dólares?' 'Sem chance! Você ainda me deve uma grana!'

no kidding interj não acredito, tá brincando, fala sério. *'Mike's flunked the course again!' 'No kidding! It's the third time he's flunked it!'* / 'O Mike reprovou no curso outra vez!' 'Tá brincando! É a terceira vez que ele reprova!'

no prob / no problem interj sem problema, não esquenta, deixa pra lá. *'I'm sorry, I spilled wine on your shirt.' 'No prob.'* / 'Sinto muito, eu derramei vinho na sua camisa.' 'Não esquenta!'

no sale interj não, sem chance, nada disso. *No sale! I won't lend you my car!* / Sem chance! Eu não vou te emprestar o meu carro!

no shit interj *vulg* eu não estou mentindo, sem mentira, sem zoeira. *No shit! I fixed it myself. Ask my brother.* / Sem zoeira! Eu consertei isso sozinho. Pergunta para o meu irmão.

no sweat interj sem problema, sem crise, normal. *'Can you fix this for me?' 'No sweat!'* / Dá pra você consertar isso pra mim?' 'Sem problema!'

no way / no way José interj de jeito nenhum, nem pensar, jamais. *'Can I use the car tonight?' 'No way José! Last time you brought it back with an empty tank!'* / 'Posso usar o carro hoje à noite?' 'Nem pensar! Da última vez, você o devolveu com o tanque vazio!'

nobody s pessoa insignificante, zé-mané. *Don't pay attention to him! He's just a nobody!* / Não liga pra ele! Ele é um zé-mané!

no-brainer s algo muito fácil ou óbvio que não exige esforço mental, moleza, bico. *The math test was a no-brainer!* / A prova de matemática foi moleza!

noise s conversa fiada, papo-furado, besteira. *Enough of this noise! Let's change the subject!* / Chega desse papo-furado! Vamos mudar de assunto!

non-event *s* evento insignificante ou sem graça, fiasco. *The awards ceremony was a non-event. Even the press didn't show up.* / A cerimônia de premiação foi um fiasco. Nem mesmo a imprensa compareceu.

no-no *s* algo proibido. *Smoking in the office is a no-no.* / Fumar no escritório é proibido.

noodle *s* cabeça ou cérebro. *Use your noodle and solve the problem!* / Use a cabeça e resolva o problema!

nookie / nooky *s* sexo, transa, rapidinha. *How about a little nooky before the kids get home?* / Que tal uma rapidinha antes de as crianças chegarem em casa?

nope *s* uma resposta negativa. *So, do I take that as a nope?* / Então, a resposta é não? • *interj* não. *'Do you know that guy?' 'Nope. Never seen him before.'* / 'Você conhece aquele cara?' 'Não. Nunca o vi antes.'

nose candy *s* cocaína. *The police searched his apartment looking for nose candy.* / A polícia revistou o apartamento dele procurando cocaína.

nose job *s* cirurgia plástica no nariz. *Elaine looks great after the nose job.* / A Elaine ficou ótima depois da plástica no nariz.

nosh *s* comida rápida, petiscos, salgadinhos. *Shall I prepare some nosh before the game starts?* / Que tal eu preparar uns salgadinhos antes de o jogo começar? • *v* comer, beliscar. *Have you got something to nosh while we watch the film?* / Você tem alguma coisa para beliscar enquanto assistimos o filme?

no-show *s* ausência ou cancelamento de um compromisso, furo, cano. *The band is a no--show. They just called to say their bus broke down.* / A banda deu o cano. Eles acabaram de ligar para dizer que o ônibus deles quebrou.

not *interj* palavra pronunciada de forma acentuada no final de um enunciado, transformando uma sentença afirmativa em uma negativa. Normalmente há uma pausa antes da pronúncia da palavra. Algo como: até parece, nem em sonho, você não acreditou nisso, né?. *I'm dying to see Janet at the party. Not!* / Estou louco para ver a Janet na festa... Até parece!

not a chance *interj* de jeito nenhum, nem pensar, sem chance, até parece. *I'm not going to wear that! Not a chance!* / Eu não vou usar isso! Sem chance!

nothing doing *interj* de jeito nenhum, nem pensar, sem chance, até parece. *'Can you wash the dishes?' 'Nothing doing! It's your turn.'* / 'Você pode lavar a louça?' 'Sem chance! É a sua vez!'

nothing to it *interj* isso é fácil, moleza, sem problema. *Changing a tire? Nothing to it!* / Trocar um pneu de carro? Moleza!

nowhere *adj* ruim, chato, entediante etc. (festa, evento). *That was a nowhere party!* / Foi uma festa chata!

nuggets *s* testículos, bolas, saco. *Stop it or you'll get a kick in the nuggets!* / Pare com isso ou você vai levar um chute no saco!

nuke (derivação de *nuclear bomb*) *s* bomba atômica. *The number of countries with nukes keeps growing.* / O número de países que possuem bombas atômicas aumenta a cada dia. • *v* **1** atacar com armas nucleares. *The Americans were prepared to nuke the Russians at one point.* / Os americanos estavam preparados para atacar os russos com armas nucleares em determinada época. **2** cozinhar ou esquentar algo em forno de micro-ondas. *Do you want to nuke your sandwich or have it cold?* / Você quer esquentar o sanduíche no micro-ondas ou comê-lo frio?

nuke it *interj* jogue fora, livre-se disso. *We don't need that. Nuke it!* / Nós não precisamos disso. Joga fora!

nuker *s* micro-ondas (forno). *Why don't you buy a new nuker?* / Por que você não compra um micro-ondas novo?

number *s* **1** garota ou mulher sexualmente atraente, gata, gostosa. *Jessica is quite a number!* / A Jessica é uma tremenda gata! **2** apresentação, número, show. *Did you see her number?* / Você viu o show dela?

number one *s* **1** si mesmo, si próprio. *You have to look out for number one in this world.* / Você tem que cuidar de si próprio neste mundo. **2** xixi, número um. *Do you want to go number one before we get in the car?* / Você quer fazer xixi antes de entrar no carro?

number two *s* cocô, número dois. *Daddy, I have to go to the bathroom. It's number two!* / Papai, eu tenho que ir ao banheiro! Quero fazer cocô!

number-cruncher *s* **1** contador. *I'll have to get our number-cruncher to go over the sales stats for me.* / Eu vou ter que pedir para o nosso contador dar uma olhada nessas estatísticas de vendas para mim. **2** computador potente para fazer cálculos pesados. *They've got one of these number-crunchers to analyze the data.* / Eles têm um desses computadores potentes para analisar as informações.

numbnuts *s* idiota, imbecil, babaca, tonto. *What does that numbnuts think he's doing?* / O que aquele babaca pensa que está fazendo?

numero uno *s* (do espanhol ou italiano) si mesmo, si próprio. *He only thinks about numero uno.* / Ele só pensa em si mesmo.

nut *s* **1** louco, maluco, doido, pirado. *Uncle Irving is a real nut. He talks to himself all the time!* / O tio Irving é totalmente pirado. Ele vive falando sozinho! **2** aficionado, viciado, louco etc.

nutcake por algo. *Harry is a film nut.* / O Harry é louco por filmes.

nutcake *s* louco, doido, maluco, pirado. *Did you hear about that nutcake who tried to break into the White House?* / Você ficou sabendo daquele maluco que tentou invadir a Casa Branca?

nuthouse / nut factory *s* hospital ou clínica psiquiátrica, hospício, manicômio. *They put aunt Mary in the nuthouse.* / Eles colocaram a tia Mary num manicômio.

nutmeg *s Brit* lance no futebol no qual o jogador passa a bola por entre as pernas do jogador adversário, sainha. *Ronaldo nutmegged the goalkeeper and scored a goal!* / O Ronaldo deu uma sainha no goleiro e fez o gol!

nuts *s* testículos, bolas, saco. *She kicked him in the nuts.* / Ela deu um chute no saco dele. • *adj* louco, maluco, doido, pirado. *That's the craziest idea I've ever heard! Are you nuts?* / Essa foi a ideia mais absurda que eu já ouvi! Você está doido?

nutty *adj* maluco, estranho, esquisito. *So now he has come up with this nutty idea about sailing around the world with the kids.* / Agora ele surgiu com essa ideia maluca de velejar pelo mundo com as crianças.

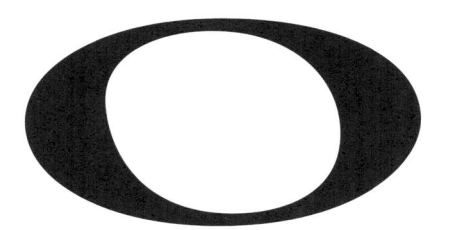

oak / oaks (derivação de *okay*) *adj* bom, satisfatório, beleza, firmeza. *Ron is oaks. You can count on him for anything.* / O Ron é firmeza. Você pode contar com ele para o que der e vier.

obno / obnoc (derivação de *obnoxious*) *adj* irritante, chato. *How can your brother be so obnoc?* / Como o seu irmão pode ser tão chato?

OD /O.D. *s* dose excessiva de drogas, overdose. *The doctors say it was an O.D.* / Os médicos disseram que foi uma overdose. • *v* tomar uma overdose de drogas. *The lead singer ODed on heroin.* / O vocalista tomou uma overdose de heroína.

off *v* **1** matar, apagar alguém. *They offed him before he could go to the police.* / Eles o apagaram antes que ele pudesse entregá-los para a polícia. **2** sair, ir ou estar indo para algum lugar. *I'm off to work. Bye.* / Eu estou indo para o trabalho. Tchau!

off base *adj* errado, equivocado. *Your answer is completely off base!* / A sua resposta está totalmente errada!

off color *adj* impróprio, ofensivo, sujo (piada, comentário, história etc.). *Please don't go telling those off color jokes in front of my parents!* / Por favor, não conte aquelas piadas sujas na frente dos meus pais!

off one's face *adj* bêbado, chapado, trincado. *Jack was completely off his face when he left the restaurant.* / O Jack estava completamente chapado quando saiu do restaurante.

off one's trolley *adj Brit* louco, pirado, doido. *Four hundred dollars for a shirt? Are you off your trolley?* / Quatrocentos dólares por uma camisa? Você está louco?

offbeat *adj* estranho, incomum, excêntrico, maluco. *It's his most offbeat film so far!* / É o filme mais excêntrico dele até agora!

off-the-wall *adj* bizarro, maluco, pirado. *His films are pretty off-the-wall.* / Os filmes dele são bem malucos.

oil it (derivação de *burn the midnight oil*) *v* passar a noite estudando. *You'll have to oil it if you really want to pass this exam.* / Você vai ter que passar a noite estudando se realmente quiser passar nessa prova.

oink *s* policial, oficial de polícia. *An oink pulled us over on the highway.* / Um policial parou a gente na rodovia.

OJ / O.J. *s* (acrônimo de *orange juice*) suco de laranja. *Anyone want a glass of OJ?* / Alguém quer um copo de suco de laranja?

OK / O.K. / okay *s* **1** aprovação, sinal verde. *We're waiting for the OK to start the project.* / Nós estamos esperando pelo sinal verde para começar o projeto. *v* aprovar, dar sinal verde. *The boss isn't going to OK this.* / O chefe não vai aprovar isso. • *adj* **1** bom, legal. *Paul is an okay person when you get to know him.* / O Paul é um cara legal depois que você o conhece bem. **2** satisfatório, razoável, mais ou menos. *The food is OK, but a little overpriced, if you ask me.* / A comida é razoável, mas um pouco cara, na minha opinião. **3** bem de saúde, estado mental ou emocional. *The doctor said he'll be OK.* / O médico disse que ele vai ficar bem. • *adv* bem, de maneira satisfatória. *He drives okay.* / Ele dirige bem. • *interj* tudo bem, combinado, sem problema. *OK! I'll be there at 8 o'clock!* / Combinado! Eu estarei lá às 8 horas!

okey-dokey (derivação de *okay*) *interj* tudo bem, combinado, sem problema. *'Can you work on Saturday?' 'Okey-dokey. I'll be there.'* / 'Você pode trabalhar no sábado?' 'Sem problema. Eu estarei lá.'

old fart *s vulg* **1** pessoa idosa, velho, velhinho. *Who's that old fart?* / Quem é aquele velhinho? **2** antiquado, careta. *Tom's a bit of an old fart. He never dances at these parties.* / O Tom é bem careta. Ele nunca dança nestas festas.

old flame *s* ex-namorado ou ex-namorada, paixão antiga. *Adam's old flame will be at the party tonight.* / A paixão antiga do Adam vai estar na festa hoje à noite.

old fogey / old fogy *s* **1** pessoa idosa, velho, velhinho. *He thinks anyone over 40 is an old fogey.* / Ele acha que qualquer pessoa acima de quarenta anos é velha. **2** antiquado, careta. *Don't be such an old fogy!* / Não seja careta!

old lady *s* **1** mãe. *Go ask your old lady if you can go.* / Vá perguntar para a sua mãe se você pode ir. **2** namorada ou esposa. *I'd love to go to the game, but I promised the old lady I'd take her out to dinner tonight.* / Eu adoraria ir ao jogo, mas eu prometi à minha esposa que a levaria para jantar hoje à noite.

old man *s* **1** pai. *What does your old man do again?* / Seu pai trabalha no que mesmo? **2** marido, esposo. *My old man is sick and* *can't go to work today.* / O meu marido está doente e não pode ir para o trabalho hoje.

oldtimer / **old-timer** *s* pessoa idosa, velho, tiozinho. *The old-timers play dominoes in the park all day.* / Os tiozinhos jogam dominó no parque o dia inteiro.

on the double *adv* rapidamente, às pressas, em um segundo, sem demora. *Tell Norm I want to see him in my office on the double!* / Diga ao Norm que eu quero vê-lo no meu escritório em um segundo!

on the house *adj* gratuito, na faixa, por conta da casa. *The first drink is on the house.* A primeira bebida é por conta da casa.

on the juice *adj* bebendo muito (bebida alcoólica), enfiado na bebida. *Ralph is back on the juice again.* / O Ralph está enfiado na bebida novamente.

on the lam *adj* correndo ou fugindo da polícia, foragido. *He's been on the lam for two weeks.* / Ele está foragido há duas semanas.

on the level *adj* honesto, sincero, direto. *Look, I'll be on the level with you!* / Veja, eu vou ser sincero com você!

on the make *adv* **1** ambicioso, que corre atrás de sucesso. *Michael is a lawyer on the make.* / O Michael é um advogado ambicioso. **2** à procura de um parceiro sexual, à procura de um rabo de saia. *Most of the guys in this place are on the make.* / A maioria dos caras aqui está à procura de um rabo de saia.

on the outs *adj* em discórdia, de mal com alguém. *I'm on the outs with Janet.* / Eu estou de mal com a Janet.

on the pill *adj* tomando pílula anticoncepcional. *She's on the pill.* / Ela está tomando pílula anticoncepcional.

on the piss *adv* na farra, na gandaia. *You look terrible! Were you out on the piss last night?* / Você está horrível! Estava na farra ontem à noite?

on the prowl *adv* **1** à espreita, solto, na área. *There's a rapist on the prowl.* / Tem um estuprador solto. **2** à procura (de um parceiro sexual). *I haven't met anyone yet tonight, but I'm on the prowl.* / Eu não encontrei ninguém para sair hoje à noite, mas estou à procura.

on the rag *adj* **1** menstruando, menstruada. *Sally is on the rag. I guess she won't want to go to the beach today.* / A Sally está menstruada. Eu acho que ela não vai querer ir à praia hoje. **2** de mau humor. *The boss is on the rag, so watch what you say.* / O chefe está de mau humor, então cuidado com o que você diz.

on the rocks *adv* **1** com cubos de gelo (bebida). *I'll have a Johnny Walker on the rocks.* / Eu vou tomar um *Johnny Walker* com gelo. **2** à beira da falência. *The company is on the rocks.* / A empresa está à beira da falência.

on the sauce *adj* bebendo muito (bebida alcoólica), enfiado na bebida. *Frank's been on the sauce since his wife left him.* / O Frank anda enfiado na bebida desde que a mulher dele o deixou.

on the sly *adv* escondido, em segredo. *Phil is seeing another woman on the sly.* / O Phil está saindo com outra mulher escondido.

on the take *adj* envolvido com esquema de propina. *Half the policemen in this town are on the take.* / Metade dos policiais desta cidade está envolvida com esquema de propina.

on the up-and-up *adj* honesto, sincero, legítimo. *I think we can trust him. He seems to be on the up-and-up.* / Eu acho que podemos confiar nele. Ele parece ser honesto.

once-over *s* olhada, vistoriada. *Can you give this report a once-over before I send it off?* / Você pode dar uma olhada neste relatório antes de eu enviá-lo?

one-horse town *s* cidade muito pequena e sem expressão, cidade insignificante. *That's a one-horse town. There's not even a hotel.* / Essa é uma cidade insignificante. Não tem nem mesmo um hotel.

one-night stand *s* encontro ou parceiro sexual casual de apenas uma noite, rolo, caso. *She was just a one-night stand.* / Ela foi apenas um caso de uma noite.

oodles *s* muitos, monte. *We met oodles of nice people on our holiday in Italy.* / Nós conhecemos um monte de pessoas legais nas nossas férias na Itália.

oomph *s* vigor, energia, garra. *I'll say one thing, she has a lot of oomph to raise five kids on her own.* / Eu vou dizer uma coisa, ela tem muita garra para criar cinco filhos sozinha.

OTL *V out to lunch.*

out *adj* fora de moda, antiquado. *Bright colors are out this year.* / Cores fortes estão fora da moda este ano.

out cold *adj* inconsciente, desmaiado, apagado. *If you keep drinking like that, you'll be out cold before the guests arrive!* / Se você continuar bebendo desse jeito, vai estar apagado antes de os convidados chegarem.

out of it *adj* **1** totalmente fora da realidade, desorientado, confuso. *He doesn't know what he's talking about! He's out of it!* / Ele não sabe o que está falando! Está totalmente fora da realidade! **2** sob efeito de droga ou remédio, doidão, chapado, zonzo. *He'll be out of it for a bit because of the anesthetic.* / Ele vai ficar um pouco zonzo por causa da anestesia.

out of one's skull *adj* bêbado, chapado, trincado. *Albert was out of his skull when I saw him yesterday.* / O Albert estava chapado quando eu o vi ontem.

out of one's tree *adj* **1** louco, maluco, doido. *He's out of his tree if he thinks I'm going to work on Sunday!* / Ele está louco se pensa que eu vou trabalhar no domingo! **2** bêbado, chapado, trincado. *The guy was so out of his tree he could barely speak.* / O cara estava tão chapado que mal conseguia falar.

out to lunch *adj* distraído, sem noção das coisas, perdido, avoado. *The waiter got our orders all wrong! He's completely out to lunch!* / O garçom trocou todos os nossos pedidos! Ele está completamente perdido!

Oz *s* palavra usada para se referir à Austrália. *Gina is going back to Oz in July.* / A Gina vai voltar para a Austrália em julho.

P

pack a piece *v* portar arma, andar ou estar armado. *Be careful! He may be packing a piece!* / Tenha cuidado! Ele pode estar armado!

packaged *adj* bêbado, chapado, trincado. *He was totally packaged when he got home.* / Ele estava totalmente bêbado quando chegou em casa.

packed *adj* cheio, lotado, abarrotado. *The restaurant was packed.* / O restaurante estava lotado.

pad *s* moradia, casa ou apartamento. *You can crash at my pad if you need a place to stay.* / Você pode dormir na minha casa se precisar de um lugar para ficar. • *v* escrever ou falar mais do que o necessário, encher linguiça. *He just padded the report with unnecessary information.* / Ele só encheu linguiça no relatório com informação desnecessária.

paddy wagon *s* camburão de polícia. *The police took the protesters away in the paddy wagon.* / A polícia levou os manifestantes embora num camburão.

paedo (abreviação de *paedophile*) *s* pedófilo. *The police have finally arrested the paedo!* / A polícia finalmente prendeu o pedófilo!

pain *s* algo ou alguém que incomoda ou aborrece, chatice, porre, pé no saco. *Martha is such a pain!* / A Martha é um pé no saco! *Our math classes are a pain!* / As nossas aulas de matemática são um porre!

Paki (abreviação de *Pakistani*) *s pej* paquistanês ou indiano (pessoa). *Half the taxi drivers in New York are Pakis.* / Metade dos motoristas de táxi em Nova York é formada por paquistaneses.

pal *s Amer* **1** amigo, chegado, camarada, mano. *He's got a lot of pals at school.* / Ele tem muitos amigos na escola. **2** termo usado para se dirigir a alguém desconhecido. Algo como: chegado, chefia, grande, mano. *You won't want to butt in line, will you, pal?* / Você não vai querer furar a fila, né, chegado?

palooka / paluka *s Amer* idiota, imbecil, babaca. *Some palooka* *tripped and spilled his beer on me!* / Um idiota tropeçou e derramou cerveja em mim!

pan[1] *s* Brit banheiro. *Is Robert still in the pan?* / O Robert ainda está no banheiro?

pan[2] *s* face, rosto, cara. *She stared him right in the pan and told him to shut up.* / Ela olhou bem na cara dele e mandou-o calar a boca.

panic *s* pessoa ou evento engraçado, divertido, extrovertido etc. *The show was a real panic.* / O show foi muito divertido. *Tina is a panic. She always has a funny story to tell.* / A Tina é muito engraçada. Ela sempre tem uma história divertida para contar.

pansy *s pej* 1 homossexual (homem), gay, veado, bicha, boiola. *You know, I'm starting to think Peter is a pansy.* / Sei lá, eu estou começando a achar que o Peter é veado.

pants *adj Brit* de qualidade inferior, porcaria. *I thought the movie was pants!* / Eu achei que o filme foi uma porcaria!

pantywaist *s pej* homem ou menino afeminado, gay, bicha, veado, boiola. *Look the way the little pantywaist walks.* / Olha como o boiolinha anda.

parky *adj Brit* frio (tempo). *Take your jacket! It's pretty parky outside!* / Leve a sua jaqueta! Está bem frio lá fora!

party animal *s* frequentador assíduo de festas, festeiro, baladeiro. *Going out again tonight? You're quite a party animal, aren't you?* / Vai sair de novo hoje à noite? Você está muito baladeiro, hein?

party crasher *s* pessoa que entra em festas sem ser convidado, penetra. *There are always party crashers at these university parties.* / Sempre há penetras nestas festas universitárias.

party pooper *s* estraga-prazeres, desmancha-prazeres. *Come on! Dance with her! Don't be such a party pooper!* / Vamos lá! Dance com ela! Não seja um estraga-prazeres!

party *v* festejar, divertir-se, cair na farra, cair na gandaia. *Let's party tonight!* / Vamos cair na farra hoje à noite!

pass *s* cantada ou assédio sexual. *The guy made a pass at my girlfriend at the party so I threw him out.* / O cara deu uma cantada na minha namorada na festa, então eu o botei para fora.

pasting *s Brit* surra, sova, porrada. *I'll give him a good old pasting if he messes with her again!* / Eu vou dar umas boas porradas nele, se ele mexer com ela novamente!

patsy *s* pessoa fácil de enganar, trouxa, otário. *Don't be such a patsy! They're trying to fool you!* / Não seja trouxa! Eles estão tentando te enganar!

paws *s* mãos, patas. *Get your paws off the cake! It's for dessert.* / Tire as patas do bolo! É para a sobremesa. • *v* alisar, passar a mão em alguém (sexualmente). *He tried to paw her and she slapped him on the face.* / Ele tentou passar a mão nela e ela deu um tapa na cara dele.

PDQ *adv* (acrônimo de *pretty damn quick*) rápido, imediatamente, pra já. *The boss wants that report PDQ so you'd better get started.* / O chefe quer esse relatório pra já, então é melhor você começar.

peach *s* alguém ou algo que é excelente, tesouro, maravilha, joia. *That girl is a real peach!* / Aquela garota é um verdadeiro tesouro. *That is a peach of a car!* / Aquele carro é uma maravilha!

peachy / **peachy keen** *adj* ótimo, excelente, da hora, incrível, animal. *She's got a lot of peachy ideas!* / Ela tem umas ideias incríveis!

peanuts *s* pouco dinheiro, valor insignificante, ninharia, miséria. *She's getting paid peanuts at the museum, but her job is fun.* / Ela recebe uma miséria no museu, mas o serviço é divertido.

pecker *s vulg* pênis, pinto, pau. *The guy pulled out his pecker and peed right there!* / O cara pôs o pinto para fora e mijou lá mesmo!

peckish *adj* com um pouco de fome. *What do you have in the fridge? I feel a little peckish.* / O que você tem na geladeira? Eu estou com um pouco de fome.

pecs / **pecks** / **pects** *s* músculos peitorais, peitoral (musculação). *Look at the pecks on that guy!* / Olha o peitoral daquele cara!

pee *s* urina, xixi, mijo. *There's pee all over the toilet!* / Tem urina no vaso todo! *v* urinar, fazer xixi, mijar. *Stop the car. I want to pee!* / Pare o carro. Eu quero mijar!

peeps (derivação de *people*) *Brit s* pessoas, gente, amigos. *I'll just chill with my peeps tonight.* / Eu vou ficar numa boa com os meus amigos hoje à noite.

pen (abreviação de *penitentiary*) *s* penitenciária, cadeia, prisão. *If they find out, you'll get at least 10 years in the pen for this.* / Se eles descobrirem, você vai pegar no mínimo 10 anos de cadeia por isso.

pencil-pusher *s* pessoa que tem trabalho de rotina em escritório, burocrata. *I spent an hour on the phone with a pencil-pusher at the bank about the bad check.* / Eu passei uma hora no telefone com um burocrata do banco por causa de um cheque que voltou.

penny-pincher *s* pessoa sovina, mão de vaca, pão-duro, miserável. *Ian is real penny-pincher. He never offers to pay for the drinks.* / O Ian é um mão de vaca. Ele nunca se oferece para pagar as bebidas.

pep talk *s* fala, conversa ou discurso de incentivo para jogadores, funcionários etc. *The coach gives the players a pep talk before every game.* / O treinador faz um discurso de incentivo para os jogadores antes de cada jogo.

peppy *adj* ativo, cheio de energia. *Martha looks pretty peppy today.* / A Martha parece estar cheia de energia hoje.

perk *s* benefícios extras (carro, moradia, dinheiro). *The salary is good, but how about the perks?* / O salário é bom, mas e os benefícios?

perky *adj* **1** animado, ativo, cheio de energia. *I'll be more perky after a good night's sleep.* / Eu vou ficar mais animado depois de uma boa noite de sono. **2** firme, em pé (seios). *She has rather perky tits, don't you think?* / Ela tem os seios bem firmes, você não acha?

perv / perve / pervy (abreviação de *pervert*) *s Brit* pervertido, safado, sem-vergonha. *The perve couldn't keep his hands off me!* / O safado não tirava as mãos de mim!

perve (derivação de *pervert*) *v Brit* flertar, dar em cima de alguém. *He's always perving over the younger girls.* / Ele está sempre dando em cima das garotas mais novas.

pesky *adj* irritante, incômodo, desagradável, chato. *I couldn't sleep with all those pesky mosquitoes in the room.* / Eu não consegui dormir com todos aqueles pernilongos irritantes no quarto.

pet peeve *s* algo que irrita. *My pet peeve is telemarketers who call at dinner time to sell you something!* / Uma coisa que me irrita são operadores de telemarketing que ligam na hora do jantar para vender alguma coisa!

peter *s vulg* pênis, pinto, pau. *That bathing suit barely covers your peter!* / Essa sunga mal cobre o seu pinto!

phat *adj* **1** ótimo, excelente, da hora, incrível, animal. *Their new CD is really phat!* / O novo CD deles é animal! **2** atraente, sexy, gostoso. *Check out the chick dancing. Now she's phat!* / Olha só a garota dançando. Que gostosa!

Philly (derivação de *Philadelphia*) *s* Filadélfia, cidade americana. *Philly is a nice town.* / A Filadélfia é uma cidade legal.

phony *s* pessoa falsa, desonesta, mentirosa etc. *Betty is not your friend. She's a phony.* / A Betty não é sua amiga. Ela é uma falsa. *adj* falso. *Where did you buy that phony Rolex?* / Onde você comprou aquele Rolex falso?

pic (abreviação de *picture*) *s* fotografia, foto. *Do you want to see some pics of our trip?* / Você quer ver algumas fotos da nossa viagem?

picky *adj* excessivamente seletivo, detalhista, exigente etc., chato, enjoado, cricri. *You have to prepare his dinner just the way he likes it. He's very picky.* / Você tem que preparar o jantar do jeito que ele gosta. Ele é muito enjoado.

pickled *adj* bêbado, chapado, trincado. *Albert was pickled when he left the party last night.* / O

Albert estava chapado quando saiu da festa ontem à noite.

pick-me-up *s* comida ou bebida para reanimar, energético, estimulante. *What you need is a nice pick-me-up, like a cup of tea.* / O que você precisa é de um bom estimulante, como uma xícara de chá.

picnic *s* algo fácil de fazer, moleza, bico. *The job was no picnic.* / O serviço não foi moleza.

piddle *v* urinar, fazer xixi, mijar. *I've told you not to piddle on the floor!* / Eu já te disse para não fazer xixi no chão!

pie hole *s* boca. *Can you shut your pie hole please? I'm on the phone!* / Dá pra calar a boca, por favor? Eu estou no telefone!

piece *s* arma de fogo. *Better pack a piece in case there's trouble.* / É melhor levar uma arma em caso de haver problemas.

piece / piece of ass *s pej vulg* mulher bonita, gostosa, filé. *The new secretary is a piece of ass, don't you think?* / A nova secretária é um filé, você não acha?

piece of cake *s* algo fácil de fazer, moleza, bico. *The math test was a piece of cake.* / A prova de matemática foi moleza.

piece of crap / piece of shit *s vulg* alguém ou algo que não presta, algo malfeito, porcaria, merda, bosta. *I've taken that piece of shit to be fixed three times this month. I've got to buy a new car!* / Eu já levei aquela merda para consertar três vezes este mês. Tenho que comprar um carro novo! *Is she still married to that piece of shit?* / Ela ainda está casada com aquele bosta?

pig *s* **1** *pej* polícia ou policial. *Don't make too much noise or someone will call the pigs!* / Não faça tanto barulho ou alguém vai chamar a polícia! **2** pessoa gulosa. *You're such a pig! That pie was for dessert!* / Você é um guloso! Aquela torta era pra sobremesa! **3** homem desagradável ou nojento, traste. *I don't know why you continue married to that pig!* / Eu não sei por que você continua casada com esse traste! **4** pessoa desordenada ou bagunceira, porco. *Who's the pig who left the kitchen in this mess?* / Quem foi o porco que deixou a cozinha nesta bagunça?

pig out *v* comer muito, empanturrar-se. *We pigged out on pizza after the movie.* / A gente se empanturrou com pizza depois do filme.

pig's ear *s Brit* (rima com *beer*) cerveja. *Can you get us a pig's ear?* / Dá pra você pegar uma cerveja pra gente?

pighead *s* pessoa teimosa, cabeça-dura. *He'll never change his mind. He's such a pighead!* / Ele nunca vai mudar de ideia. Ele é um cabeça-dura!

pigheaded *adj* teimoso, cabeça-dura. *Why do you have to be so pigheaded?* / Por que você tem que ser tão teimoso?

pigmobile *s* carro de polícia, viatura. *They took Mitch away in* *the pigmobile.* / Eles levaram o Mitch embora na viatura.

pigskin *s Amer* bola de futebol americano. *Feel like tossing the pigskin around?* / Você está a fim de jogar futebol americano?

pile *s* grande quantia de dinheiro, fortuna, bolada. *He made a pile while he was working abroad.* / Ele ganhou uma bolada enquanto estava trabalhando no exterior.

pile-up *s* acidente de trânsito envolvendo muitos carros, engavetamento. *There was a pile-up on the expressway this morning so the traffic was terrible.* / Houve um engavetamento na rodovia esta manhã e o trânsito ficou feio.

pill *s* **1** (sempre usado com o artigo *the*) pílula anticoncepcional. *She can't be pregnant. She's on the pill.* / Ela não pode estar grávida. Está tomando pílula anticoncepcional. **2** pessoa que incomoda ou irrita, chato. *Don't ask so many questions! You're being a pill!* / Não faça tantas perguntas! Você está sendo chato! **3** bola de futebol. *Kevin kicked the pill and scored a goal.* / O Kevin chutou a bola e fez um gol.

pill it *v Brit* tomar pílula de ecstasy (droga). *He pilled it before he went out with his mates.* / Ele tomou uma pílula de ecstasy antes de sair com os amigos.

pillow biter *s pej* homossexual (homem), gay, veado, bicha, boiola. *I didn't know Mark was a pillow biter!* / Eu não sabia que o Mark era veado!

pimp *s* **1** agenciador de garotas de programa ou prostitutas, cafetão. *John looks like a pimp with those diamond rings.* / O John parece um cafetão com aqueles anéis de diamantes. **2** *Amer* homem que faz sucesso com as mulheres, mulherengo, garanhão, comedor (termo usado pela comunidade negra americana). *Yo, pimp! How'd you get so many girls?* / Fala aí, garanhão! Como você pega tantas garotas? • *v* agir como agenciador de garotas de programa ou prostitutas. *He was busted for pimping.* / Ele foi preso por agenciar garotas de programa.

pimp steak *s* salsicha ou cachorro-quente. *We had pimp steak and soda.* / Nós comemos cachorro-quente com refrigerante.

pinch a loaf *v vulg* fazer cocô, cagar, soltar um barro. *Where's the bathroom? I have to pinch a loaf.* / Onde fica o banheiro? Eu preciso soltar um barro.

pinch *v Brit* **1** prender alguém. *The police pinched him in front of everyone.* / A polícia o prendeu na frente de todo mundo. **2** roubar, passar a mão em algo. *Someone pinched my bag at the bus station.* / Alguém roubou a minha bolsa na rodoviária.

pink slip *s* carta de demissão de emprego. *Ron got the pink slip this morning.* / O Ron recebeu a carta de demissão hoje de manhã.

pins *s Brit* pernas. *She's got a great pair of pins!* / Ela tem um belo par de pernas!

piss *s vulg* **1** urina, xixi, mijo. *There's piss all over the floor!* / Tem mijo por todo o chão. **2** bebida alcoólica de má qualidade, porcaria. *I don't know how you can drink that piss!* / Eu não sei como você consegue beber essa porcaria! • *v vulg* urinar, fazer xixi, mijar, dar um mijão. *Where's the bathroom? I've got to piss!* / Onde fica o banheiro? Eu tenho que dar um mijão!

piss down *v vulg* chover muito, chover pra cacete. *Take your brolly. It's pissing down outside!* / Pegue o seu guarda-chuva. Está chovendo pra cacete lá fora!

piss off *interj Brit vulg* vá embora, vá pro inferno, vá se foder! *Piss off! I'm trying to concentrate!* / Vá pro inferno! Eu estou tentando me concentrar!

pissed *adj vulg* **1** bêbado, chapado, trincado. *Dave's too pissed to drive. Better call a taxi.* / O Dave está muito bêbado para dirigir. É melhor chamar um táxi. **2** *Amer* zangado, bravo, ferrado. *Laura was pissed because I forgot her birthday.* / A Laura ficou brava porque eu esqueci do aniversário dela.

pissed off *adj vulg* zangado, bravo, ferrado, fodido. *The boss was pissed off because I arrived late.* / O chefe ficou ferrado porque eu cheguei atrasado.

pisser *s vulg* **1** banheiro, urinol. *Where's the pisser?* / Onde fica o banheiro? **2** pessoa desagradável, chato. *Tell the pisser I'm busy!* / Diga a esse chato que eu estou ocupado! **3** *Amer* algo excelente, ótimo, da hora, incrível, animal. *This new ipod is a real pisser!* / Este novo iPod é animal!

piss-head *s vulg* alguém que bebe muito, bebum, cachaceiro, pé de cana. *Frank drinks with the piss-heads at the corner bar.* / O Frank bebe com os cachaceiros no bar da esquina.

pissing contest / pissing match *s vulg* disputa infantil sobre algo trivial. *I don't feel like getting into a pissing contest with you over who drives better.* / Eu não quero entrar numa disputa infantil com você pra saber quem dirige melhor.

piss-up *s Brit* encontro para beber, bebedeira, balada, festa. *There's going to be a big piss-up at Mike's place tonight.* / Vai ter uma puta festa na casa do Mike hoje à noite.

pits *s* **1** (com o artigo *the*) situação, lugar ou algo horrível, o pior. *Man, this place is the pits!* / Cara, esse lugar é o pior! **2** situação triste, fossa. *She was in the pits after she broke up with her boyfriend.* / Ela ficou na fossa depois que terminou com o namorado.

pix (derivação de *pictures*) *s* fotografias, fotos. *Did you get the pix I sent to you by e-mail?* / Você recebeu as fotos que eu te enviei por e-mail?

pizza-face *s* pessoa com muitas espinhas (acne). *Who's the pizza-face?* / Quem é o cara cheio de espinhas?

PJs (derivação de *pajamas* ou *pyjamas*). • *s* pijama. *Has anyone seen my PJs?* / Alguém viu o meu pijama?

plank *s* burro, tonto, tapado. *Ken's a bit of a plank, so you'll have to explain everything to him twice.* / O Ken é meio tapado, então você vai ter que explicar tudo duas vezes pra ele.

plastered *adj* bêbado, chapado, trincado. *Janet was plastered well before the party ended.* / A Janet estava chapada bem antes de a festa acabar.

plastic *s* cartão de crédito. *Do you take plastic?* / Vocês aceitam cartão de crédito? • *adj* falso. *Carla comes across as sincere, but she's just as plastic as her friends.* / A Carla parece ser sincera, mas ela é tão falsa quanto as amigas dela.

plonk *s* vinho barato ou de má qualidade, vinho vagabundo. *I'm not going to drink this plonk!* / Eu não vou beber esse vinho vagabundo!

plonker *s* idiota, imbecil, babaca, tonto. *You've locked the keys in the car, you plonker!* / Você trancou as chaves dentro do carro, seu idiota!

pogey *s Can* seguro-desemprego. *Dave's on pogey.* / O Dave está no seguro-desemprego.

poke *v vulg* fazer sexo, transar, comer alguém. *Dave said he poked her, but I don't believe him.* / O Dave disse que a comeu, mas eu não acredito.

pokey / poky *s* cadeia, prisão. *He got twenty years in the pokey for murder.* / Ele pegou vinte anos de cadeia por assassinato.

pom / pommie / pommy *s Austr pej* inglês (pessoa). *I never did like the pommies very much!* / Eu nunca gostei muito dos ingleses!

ponce *s Brit pej* homossexual (homem), gay, veado, bicha, boiola. *I had no idea the bloke was a ponce.* / Eu não tinha a mínima ideia de que o cara era veado.

poncey *adj Brit* afeminado, gay, fresco (homem). *He's too poncey to my liking.* / Ele é muito fresco para o meu gosto.

poo / poop *s* fezes, cocô, merda. *Don't step in that dog poop!* / Não pise no cocô de cachorro! • *v* defecar, fazer cocô. *The dog pooed in the carpet.* / O cachorro fez cocô no carpete.

pooch *s* cachorro. *Isn't that Linda's pooch?* / Aquele não é o cachorro da Linda?

poof / poofter / pouf *s pej* homossexual (homem), gay, veado, bicha, boiola. *Look at the way he dresses! He must be a poofter!* / Olha o jeito que ele se veste! Ele só pode ser veado!

pooh-pooh / poo-poo *v* criticar, desprezar. *Why do you have to always pooh-pooh everything I say?* / Por que você sempre tem que criticar tudo o que eu digo?

poontang *s vulg* **1** sexo, transa. *She's into straight poontang.* / Ela gosta de sexo normal. **2** *vulg* *pej* mulheres, garotas, minas. *Let's go out and find us some poontang!* / Vamos sair pra catar umas minas!

poop[1] *s* cocô, merda. *I stepped in dog poop!* / Eu pisei em cocô de cachorro.

poop[2] *s* informação, babado, parada. *So what's the poop on Sandra and Ben? Are they going out?* / E aí, qual é a parada entre a Sandra e o Ben? Eles estão saindo?

poop chute *s vulg* ânus, cu. *They put a camera up your poop chute during the endoscopy.* / Eles colocam uma câmera dentro do seu cu durante a endoscopia.

pooped / pooped out *adj* cansado, exausto, só o pó. *You must be pooped after such a long day!* / Você deve estar só o pó depois de um dia tão longo!

pop[1] *s Amer* refrigerante. *How about a pop with your hamburger?* / Que tal um refrigerante para acompanhar o hambúrguer? • *v* **1** bater, dar um soco em alguém. *She popped him on the head.* / Ela deu um soco na cabeça dele. **2** tomar (pílula). *She's been popping diet pills like crazy recently.* / Ela vem tomando pílulas para emagrecer feito louca ultimamente.

pop[2] *s Brit* refrigerante. *Is there a pop machine around here?* / Tem alguma máquina de refrigerantes por aqui?

porch monkey *s Amer pej* pessoa negra, negro. *Who's the porch monkey talking with Steve?* / Quem é o negro conversando com o Steve?

pork *s* polícia. *What's the pork doing around here?* / O que a polícia está fazendo por aqui? • *v* fazer sexo, transar, comer alguém. *Well, did you pork her or what?* / E aí, você a comeu ou não?

pork out *v* comer muito, empanturrar-se. *The kids porked out on sweets at the party.* / As crianças se empanturraram com doces na festa.

pork sword *s vulg* pênis, pinto, pau. *He flashed his pork sword during the show.* / Ele mostrou o pinto rapidamente durante o show.

porker *s pej* pessoa obesa, gordo, gorducho, balofo, baleia. *You keep eating like that and you'll become a real porker!* / Se você continuar comendo desse jeito, vai virar uma baleia!

porkies / porkies pies *s Brit* (rima com *lies*) mentiras. *Tell me what really happened and no porkies!* / Me diga o que realmente aconteceu e nada de mentiras!

porky *adj* obeso, gordo. *Do you think I'm getting porky?* / Você acha que eu estou ficando gordo?

posh *adj* fino, chique, elegante, caro, refinado. *That's a posh suit!* / Que terno chique!

posh and becks *s Brit* (rima com *sex*) sexo, transa. *They were having posh and becks in the car.* / Eles estavam fazendo sexo dentro do carro.

postie (derivação de *postman*) *s* carteiro. *Can you check if the postie has been yet?* / Você pode ver se o carteiro já passou?

pot *s* **1** maconha, erva (droga). *Everyone smokes pot at these parties.* / Todo mundo fuma maconha nestas festas. **2** vaso sanitário. *Get off the pot, will you? I need to use the bathroom!* / Dá pra sair do vaso? Eu preciso usar o banheiro. **3** vasilha, chapéu ou cesta para pôr dinheiro, sacolinha. *They passed the pot to collect the money.* / Eles passaram a sacolinha para coletar o dinheiro. **4** quantia coletada em dinheiro, aposta, bolão. *Jeremy won the whole pot.* / O Jeremy ganhou o bolão.

potted *adj Brit* bêbado, chapado, trincado. *Anna was too potted to drive.* / A Anna estava muito bêbada para dirigir.

pow-wow *s* encontro para conversar, reunião. *Call the others and we'll have a pow-wow to decide what to do.* / Chame os outros e vamos fazer uma reunião pra decidir o que fazer.

prang *s Brit* pequeno acidente ou batida de carro. *I had a little prang parking the car this morning.* / Eu tive um pequeno acidente ao estacionar o carro hoje cedo. • *v Brit* bater ou amassar o carro. *My mum will go postal when she finds out I pranged her car.* / A minha mãe vai ficar louca quando souber que eu bati o carro dela. • *adj Brit* paranoico. *Of course you're not going to be fired. Don't be so prang!* / Claro que você não vai ser demitido. Não seja tão paranoico!

prat / pratt *s* nádegas, bunda, traseiro. *I'll smack your prat if you do that again.* / Eu vou dar um tapa na sua bunda, se você fizer isso novamente.

preg / preggers (derivação de *pregnant*) *adj* grávida, de barriga. *Are you sure you're not preg?* / Você tem certeza de que não está grávida?

prezzie / prezzy (derivação de *present*) *s* presente. *Here's a little prezzie for you.* / Aqui está um presentinho pra você.

prick *s vulg* **1** pênis, pinto, pau. *Stop looking at your prick in the mirror!* / Para de olhar o seu pinto no espelho! **2** homem desprezível, canalha, cretino. *My boss is a complete prick!* / O meu chefe é um cretino!

prick-teaser *s vulg* mulher que se insinua sexualmente para os homens sem interesse de fato, fogo de palha, provocadora. *Don't waste your time with Sally. She's just a prick-teaser!* / Não perca tempo com a Sally. Ela só é fogo de palha.

primed *adj* bêbado, chapado, trincado. *He was primed even before the party began.* / Ele já estava chapado antes mesmo de a festa começar.

prior *s* antecedente criminal, ficha na polícia. *He has about ten priors.* / Ele tem uns dez antecedentes criminais.

private eye *s* detetive particular. *She hired a private eye to find her missing son.* / Ela contratou um detetive particular para encontrar o filho desaparecido.

privy *s* banheiro, toalete. *I can't find a privy around here!* / Eu não consigo achar um banheiro por aqui!

pro (abreviação de *professional*) *s* alguém que sabe muito sobre algo, profissional, especialista. *Brenda hired a pro to decorate her office.* / A Brenda contratou um especialista para decorar o escritório dela.

props (derivação de *proper respect* ou *proper recognition*) *s Brit* agradecimento, parabéns, salve. *I've got to give props to Mr. Baker for what he's done for the local community.* / Eu tenho que dar os parabéns para o Sr. Baker pelo que ele tem feito pela comunidade local.

prostie / **prosty** (derivação de *prostitute*) *s* prostituta. *It's full of prosties around here at night.* / Fica cheio de prostitutas por aqui à noite.

psyched / **psyched up** *adj* entusiasmado, animado, motivado. *I'm psyched about my trip to Europe!* / Eu estou entusiasmado com a minha viagem para a Europa!

psycho *s* (abreviação de *psychopath*) psicopata, louco, doente. *Some psycho shot three people in the subway this morning.* / Um psicopata atirou em três pessoas no metrô hoje de manhã.

pub crawl *s* noite de farra bebendo de bar em bar, gandaia, balada. *He went on a pub crawl last night.* / Ele foi pra balada ontem à noite.

puddinghead *s* idiota, imbecil, babaca, tonto. *Who's the puddinghead who ate my sandwich?* / Quem foi o babaca que comeu o meu sanduíche?

puff *s Brit* peido, pum. *Sorry, mate! I couldn't hold that puff in any longer!* / Foi mal, cara! Eu não conseguia mais segurar esse peido!

puffer *s* charuto. *Who's smoking that puffer?* / Quem está fumando esse charuto?

puke *s* vômito. *There's puke all over the floor!* / Tem vômito no chão inteiro! • *v* vomitar. *She puked on the living room carpet.* / Ela vomitou no carpete da sala.

pukka *adj Brit* ótimo, excelente, da hora, incrível, animal. *That's a pukka DVD, man!* / Esse DVD é animal, cara!

pump *s* coração. *Don't worry. Your pump is great!* / Não se preocupe. O seu coração está ótimo! • *v* pressionar alguém (geralmente para revelar algo). *They pumped him until he told them where the money was.* / Eles o pressionaram até ele contar onde estava o dinheiro.

pump iron *v* malhar (com pesos), puxar ferro. *If you want to have big arms, you have to pump iron.* / Se quiser ter braços fortes, você tem que puxar ferro.

pumped / pumped up *adj* **1** entusiasmado, animado, motivado. *She's pumped about her new job.* / Ela está entusiasmada com o novo emprego. **2** *pej* grávida, de barriga. *Looks like she's pumped up again!* / Parece que ela está de barriga novamente!

punk *s* **1** pessoa que curte o estilo *punk rock*. *The punks hang out at this bar.* / Os punks ficam nesse bar. **2** música *punk rock*. *She doesn't like punk.* / Ela não gosta de música *punk*. **3** delinquente, trombadinha. *Some punk took my wallet at the bus station.* / Um trombadinha bateu a minha carteira na rodoviária.

punnani *s Brit vulg* vagina, boceta, perereca, xoxota. *She flashes her punnani in the film.* / Ela mostra rapidamente a perereca no filme.

punter *s Brit* cliente, freguês (de prostituta). *The prostitutes look for punters in the tourist bars.* / As prostitutas procuram clientes nos bares frequentados por turistas.

push *v* **1** ter, chegar a ou beirar uma certa idade. *He must be pushing forty.* / Ele deve estar beirando uns quarenta anos. **2** vender drogas, passar drogas. *She was pushing at school.* / Ela estava passando drogas na escola. **3** vender algo de todas as formas, empurrar algo a alguém. *The shop assistant tried to push a new laptop on me, but I didn't buy it.* / O vendedor tentou me empurrar um *laptop* novo, mas eu não comprei.

pusher *s* vendedor de drogas, traficante. *The pusher was locked up for five years.* / O traficante ficou preso por cinco anos.

pushing up daisies *adj* (geralmente no futuro progressivo) morto e enterrado. *He'll be pushing up daisies by the time they finally find a cure for the disease.* / Ele estará morto e enterrado quando finalmente encontrarem a cura para a doença.

pushy *adj* agressivo no tratamento com outras pessoas, invasivo, insistente, persistente. *The salesman was very pushy. He was determined to sell me that car.* / O vendedor foi muito insistente. Ele estava determinado a me vender aquele carro.

puss *s* rosto, cara. *She slapped him right in the puss.* / Ela deu um tapa bem na cara dele.

pussy *s vulg* **1** vagina, boceta, perereca, xoxota. *You can see her pussy in the picture.* / Dá pra ver a boceta dela na foto. **2** *pej* mulher, garota, mina. *Did you meet any pussy at the bar?* / Você conheceu alguma mina no bar? **3** sexo, transa. *So, did you get any pussy last night?* / E aí, transou ontem à noite? **4** *pej* homossexual (homem), gay, veado, bicha, boiola. *Don't be such a pussy, Frank!* / Não seja boiola, Frank!

puttyhead *s* idiota, imbecil, babaca, tonto. *He's such a puttyhead!* / Ele é um babaca!

putz *s* idiota, imbecil, babaca, tonto. *The putz sent me the wrong parts again!* / O imbecil me mandou as peças erradas de novo!

q

quack *s* médico incompetente ou com qualificações duvidosas ou falsas, médico picareta. *He can't be a quack if he works at the best hospital in town!* / Ele não pode ser um médico picareta se trabalha no melhor hospital da cidade!

quaff *v* beber (cerveja). *Let's go down the pub and quaff a brew.* / Vamos lá no bar tomar uma cerveja.

quail *s* mulher, garota, mina. *What a cute little quail!* / Que mina da hora!

quarterback *s Amer* pessoa no controle, líder, chefe, mandachuva. *Who's quarterback now that John left the company?* / Quem é o mandachuva agora que o John saiu da empresa? • *v* chefiar, liderar, dirigir (empresa). *He quarterbacked the company for fifteen years.* / Ele dirigiu a empresa por quinze anos.

queen (abreviação de *drag queen*) *s* **1** travesti. *Check out the clothes on the queen!* / Olha só as roupas daquele travesti! **2** *pej* homossexual (homem), gay, veado, bicha, boiola. *Everyone says Robert is a queen.* / Todo mundo diz que o Robert é bicha.

queer *s pej* homossexual (homem), gay, veado, bicha, boiola. *So Dave's a queer, is he? I had no idea!* / Quer dizer que o Dave é veado? Eu não imaginava! *adj* homossexual, gay. *I have a lot of queer friends.* / Eu tenho muitos amigos gays.

quencher *s* bebida alcoólica, cerveja. *How about a nice cold quencher?* / Que tal uma boa cerveja gelada?

quick sticks *adv Brit* rapidamente, rapidinho. *Tidy up your bedroom quick sticks and come downstairs for breakfast.* / Arrume o seu quarto rapidinho e desça para tomar o café da manhã.

quickie / quick one *s* **1** bebida tomada às pressas. *We have time for a quickie before the train leaves.* / Nós temos tempo para uma bebida rápida antes de o trem sair. **2** transa feita às pressas, rapidinha. *How about a* *quickie before your parents get home?* / Que tal uma rapidinha antes de seus pais chegarem em casa?

quid *s Brit* libra (moeda britânica), dinheiro, grana. *Can you lend me a few quid?* / Você pode me emprestar uma grana?

r

rabbit food *s* salada. *My doctor told me to eat more rabbit food and less fried food.* / O meu médico me disse para comer mais salada e menos fritura.

rack *s vulg* par de seios, par de peitos. *Nancy has a pretty nice rack.* / A Nancy tem um belo par de peitos.

racket *s* **1** barulho. *Who's making all that racket outside?* / Quem está fazendo todo esse barulho lá fora? **2** profissão, ramo de atividade. *So Tom, what's your racket?* / Fala aí, Tom, qual é a sua profissão? **3** esquema ilegal, fraude. *The police have been accused of running a protection racket.* / A polícia foi acusada de administrar um esquema ilegal de proteção.

rad (abreviação de *radical*) *adj* ótimo, excelente, da hora, incrível, radical, animal. *The show was way rad!* / O show foi animal!

rag *s* **1** jornal ou revista de baixa qualidade, jornal ou revista de quinta categoria (termo geralmente usado para se referir a jornal sensacionalista ou de fofocas). *I can't believe you read that rag!* / Eu não acredito que você lê esse jornal de quinta categoria. **2** roupa feia, trapo. *I'm not going to wear that rag!* / Eu não vou usar esse trapo! **3** (geralmente usado no plural) qualquer roupa. *Get a load of my new rags!* / Saca só a minha roupa nova! **3** absorvente feminino. *Can you get me some rags?* / Você pode pegar alguns absorventes pra mim? • *v* criticar, encher o saco de alguém. *The boss has been ragging on me all morning!* / O chefe está me enchendo o saco desde cedo.

ragtop *s* carro conversível. *We rented a ragtop on our honeymoon.* / Nós alugamos um carro conversível na nossa lua de mel.

rain check / rain cheque *s* adiamento de um convite, convite para uma próxima vez. *I can't make it for dinner tonight, but can I take a rain check?* / Eu não posso jantar com você hoje, mas podemos deixar pra próxima?

ralph *v* vomitar, chamar o Hugo.

I think I'm going to ralph! / Eu acho que vou vomitar!

randy *adj* excitado, com tesão, assanhado, tarado. *Ted is so randy he'll take anybody home.* / O Ted é tão tarado que leva qualquer uma pra casa.

rank *v* reclamar, dar dura, dar bronca. *Dad is going to rank on you when he sees this!* / O pai vai te dar uma bronca quando ele vir isso! • *adj* com mau cheiro, fedendo. *There's something rank in the fridge!* / Tem alguma coisa fedendo na geladeira!

rap *s* **1** conversa, bate-papo. *We had a little rap about his grades at school.* / Nós tivemos um pequeno bate-papo sobre as notas dele na escola. **2** sentença (prisão). *The rap for armed robbery is 5 years in this state.* / A sentença para roubo à mão armada é de 5 anos neste estado. • *v* **1** conversar, bater papo. *We rapped all night about old times.* / Nós conversamos a noite toda sobre os velhos tempos. **2** cantar ou recitar letras de música *rap*. *The DJ can't rap worth shit!* / O DJ não manja nada de *rap*!

rap sheet *s* ficha de antecedentes criminais, passagem pela polícia. *He's clean. He doesn't have a rap sheet.* / Ele está limpo. Não tem ficha na polícia.

rat *s* **1** pessoa traiçoeira, traidor, canalha. *Her husband ran off with his secretary, the rat!* / O marido dela fugiu com a secretária, o canalha! **2** informante, delator, caguete. *We've got a rat among us. The police were waiting for us at the bank.* / Tem um caguete entre a gente. A polícia estava esperando a gente no banco. • *v* trair, dedar, entregar, caguetar alguém. *He ratted on the others to save his own skin.* / Ele caguetou os outros pra salvar a própria pele.

rat-arsed / rat arsed *adj* Brit *vulg* bêbado, chapado, trincado. *John was totally rat arsed when I last saw him.* / O John estava totalmente chapado a última vez em que eu o vi.

rat-assed / rat assed *adj* Amer *vulg* bêbado, chapado, trincado. *Don't get home rat-assed again!* / Não chegue em casa bêbado novamente!

rat race *s* modo de vida ou emprego agitado e cansativo, corre-corre da cidade grande. *I'm sick and tired of the rat race!* / Eu estou cansado do corre-corre da cidade grande.

raunchie / raunchy *adj* **1** explícito, picante (sexualmente). *There are some pretty raunchy scenes in the movie that aren't suitable for the kids.* / Tem umas cenas picantes no filme que não são apropriadas pra crianças. **2** vulgar, obsceno. *He writes pretty raunchy novels.* / Ele escreve romances bastante obscenos. **3** horrível, nojento. *We had a drink in a raunchy little bar near the port.* / A gente tomou um drinque num barzinho horrível perto do porto.

rave *s* festa com música eletrônica, festa *rave*. *There was a rave on* *the beach last week.* / Teve uma festa *rave* na praia na semana passada.

razz *v* caçoar, zoar, tirar sarro de alguém. *The kids at school used to razz him about his voice.* / Os garotos da escola tiravam o maior sarro da voz dele.

real *adv Amer* muito, realmente. *That's a real good car.* / Esse carro é realmente muito bom.

rear end *s* nádegas, bunda, traseiro. *She gave him a kick in the rear end.* / Ela deu um chute na bunda dele. • *v* bater com o carro na traseira do carro da frente. *A guy rear ended me in traffic this morning.* / Um cara bateu na minha traseira no trânsito hoje de manhã.

reckon *v* achar, pensar, deduzir. *I reckon it's going to rain this afternoon.* / Eu acho que vai chover hoje à tarde.

red tape *s* burocracia, regras ou regulamentos excessivamente burocráticos. *Do we really have to go through all this red tape?* / A gente tem mesmo que passar por toda essa burocracia?

red-eye *s* voo noturno. *The only seat I could find was on a red-eye out of London.* / O único lugar que eu consegui foi num voo noturno partindo de Londres.

redneck *s Amer* pessoa conservadora e provinciana (geralmente de classe rural e pobre), caipira, da roça. *Tom is a redneck.* / O Tom é um caipira.

reefer *s* **1** cigarro de maconha, baseado. *Roll up a reefer while I get us a few beers from the fridge.* / Enrole um baseado enquanto eu vou pegar umas cervejas na geladeira. **2** geladeira. *The reefer is broken again.* / A geladeira está quebrada de novo.

ref (abreviação de *referee*) *s* árbitro, juiz (esportivo). *The ref didn't see he was offside.* / O juiz não viu que ele estava impedido.

regs (abreviação de *regulations*) *s* regulamentos, regras. *Just follow the regs and you'll be fine.* / É só seguir as regras e você vai se dar bem.

rellies (derivação de *relatives*) *s Austr* parentes. *I can't stand her rellies sometimes!* / Eu não suporto os parentes dela, às vezes!

rent boy *s Brit* garoto de programa. *Police are cracking down on the rent boys.* / A polícia está tomando medidas severas contra os garotos de programa.

rentals / **rents** (derivação de *parents*) *s* pais. *Go ask your rents if you can come with us.* / Pergunte para os seus pais se você pode ir com a gente.

rep *s* **1** (abreviação de *representative*) representante. *My brother works as a rep for a big paint company.* / O meu irmão trabalha como representante para uma grande empresa de tintas. **2** (abreviação de *repetition*) repetição (de exercícios com pesos). *I do 10 reps with 40 kilos.* / Eu faço 10 repetições com 40 quilos. **3** (abreviação de *reputation*) reputação. *I don't want to ruin my rep.* / Eu não quero arruinar a minha reputação.

repo *s* carro retomado, repossuído (por falta de pagamento). *That's a repo.* / Esse é um carro repossuído. • *v* tomar ou retomar (por falta de pagamento). *The bank is going to repo the car if I don't pay by Friday.* / O banco vai tomar o carro se eu não pagar até sexta-feira.

respeck / respect *interj Brit* (saudação inspirada no personagem *Ali G,* de uma série cômica de grande repercussão entre os jovens na Europa) é isso aí, toca aqui, falou, valeu. *So, that's it for today, guys! Respect!* / Então, é isso aí por hoje, galera! Valeu!

retard (abreviação de *retarded*) *s pej* idiota, imbecil, retardado. *That retard scratched my car!* / Aquele retardado arranhou o meu carro!

retread *s* pneu recauchutado. *Retreads are much cheaper.* / Pneus recauchutados são muito mais baratos.

rhoid (abreviação de *hemorrhoid*) *s* pessoa inoportuna, chata, pé no saco, pentelha. *When those rhoids arrived I just left.* / Quando aqueles pentelhos chegaram, eu caí fora.

rib *v* brincar, tirar sarro, mexer com alguém. *Stop ribbing him!* / Pare de tirar sarro dele!

ride *s* **1** carona. *Do you want a ride?* / Você quer uma carona? **2** carro. *So, where did you get that ride?* / Fala aí, onde você conseguiu esse carro?

riff-raff *s* pessoa de classe popular, povão, ralé. *That's a very exclusive restaurant. It's not for the riff-raff.* / Aquele restaurante é muito exclusivo. Não é para o povão.

rig *s Amer* caminhão. *Tom drives a rig for a living.* / O Tom ganha a vida como motorista de caminhão. • *v* manipular os resultados de algo. *The press is saying the election was rigged.* / A imprensa está dizendo que os resultados da eleição foram manipulados.

right on *interj* parabéns, é isso aí, valeu. *Right on! I knew you could do it!* / É isso aí! Eu sabia que você iria conseguir!

righteous *adj* ótimo, excelente, da hora, muito bom, animal. *That's a righteous watch!* / Esse relógio é excelente!

righto *interj* sim, certo, tudo bem. *'Can you give me a hand?' 'Righto! I'll be right there.'* / 'Você pode me dar uma mão?' 'Tudo bem! Eu já estou indo.'

ring *s* **1** telefonema, chamada, ligada. *Give me a ring tonight.* / Dá uma ligada pra mim hoje à noite. **2** quadrilha. *The police arrested the leader of the prostitution ring.* / A polícia prendeu o líder da quadrilha de prostituição. • *v* telefonar, dar uma ligada, bater um fio. *Why don't we ring the restaurant and order a pizza?* / Por que nós não damos uma ligada para o restaurante e pedimos uma pizza?

riot *s* alguém ou algo muito engraçado, comédia. *His latest film is a riot!* / O último filme dele é muito engraçado! *Jane is a real riot!* / A Jane é uma verdadeira comédia!

rip off *v* furtar, roubar, passar a mão. *Someone ripped off his car last night.* / Alguém roubou o carro dele ontem à noite.

rip-off / rip off *s* **1** roubo. *Thirty bucks for a CD? What a rip-off!* / Trinta dólares por um CD? Que roubo! **2** imitação, cópia. *The film is a rip-off of an old 1950's Hollywood classic.* / O filme é uma imitação de um clássico de Hollywood dos anos 1950.

rispeck V *respeck* / *respect*.

ritzy *adj* luxuoso, elegante, requintado, chique. *We stayed in a ritzy hotel on the beach.* / Nós ficamos num hotel chique na praia.

roach (abreviação de *cockroach*) *s* **1** barata. *Yuck! I just saw a big roach in the bathroom!* / Que nojo! Eu acabei de ver uma barata no banheiro! **2** finalzinho de um cigarro de maconha, ponta de baseado. *The principal found a roach in the classroom.* / O diretor encontrou uma ponta de baseado na sala de aula.

road hog *s* motorista que ocupa mais de uma pista, motorista espaçoso ou folgado. *The road hog wouldn't let me pass!* / O motorista folgado não queria deixar eu passar!

roadtrip *s* viagem longa de carro com amigos. *The film is about four friends who fill up the car with beer and go on a roadtrip.* / O filme é sobre quatro amigos que enchem o carro de cerveja e saem numa longa viagem.

rock *s* **1** pedra preciosa, diamante. *You should see the rock on her engagement ring!* / Você deveria ver o diamante no anel de noivado dela! **2** pedra de *crack*. *The police arrested him with a bag of rocks.* / A polícia o prendeu com uma bolsa de *crack*. **3** pessoa calma, tranquila, ponderada. *Janet is completely neurotic, but her husband is a rock.* / A Janet é completamente neurótica, mas o marido dela é um cara tranquilo. • *v* **1** tocar ou curtir *rock'n'roll*. *Put on a CD and let's rock!* / Coloque o CD pra gente curtir um *rock*. **2** ser excelente, ser o melhor, detonar. *That band rocks!* / Essa banda detona! **3** animar, agitar. *What a lame party! Let's rock this place!* / Que festa desanimada! Vamos agitar este lugar!

rocker *s* roqueiro. *This is the place where the rockers hang out.* / Este é o lugar onde os roqueiros se encontram.

rocking *adj* animal, excelente, ótimo, da hora, incrível. *This party is rocking!* / Esta festa está animal!

rocks *s* **1** cubos ou pedras de gelo. *How many rocks do you want in your drink?* / Quantas pedras de gelo você quer no seu drinque? **2** dinheiro, dólares. *How* many rocks do you want for that watch? / Quanto você quer por esse relógio? **3** testículos, bolas, saco. *He got kicked in the rocks.* / Ele levou um chute no saco.

roger *v Brit vulg* fazer sexo, transar, comer alguém. *He was rogering her on the sofa when her parents walked in.* / Ele a estava comendo no sofá quando os pais dela chegaram. • *interj Amer* certo, tudo bem. *Roger, I'll call you later today.* / Certo, eu te ligo mais tarde.

roll *s* **1** muito dinheiro, bolada, fortuna. *She earned a roll off that deal.* / Ela ganhou uma fortuna naquela transação. **2** período de sorte. *You're really on a roll.* / Você realmente está com sorte! • *v* sair, partir, ir embora. *Let's roll. It's late.* / Vamos embora. Está tarde.

roller *s* carro de polícia. *A roller just drove past.* / Um carro de polícia acabou de passar.

rolling in it *adj* • rico, podre de rico, nadando em dinheiro. *Geoff and Christine are rolling in it.* / O Geoff e a Christine estão nadando em dinheiro.

ronchie V *raunchie* / *raunchy*.

roni (abreviação de *pepperoni*) *s* linguiça picante, calabreza. *Do you like roni on your pizza?* / Você gosta de calabresa na sua pizza?

roo (abreviação de *kangaroo*) *s Austr* canguru. *We saw a baby roo at the zoo.* / Nós vimos um filhote de canguru no zoológico.

rook *v* trapacear, enganar, sacanear, passar alguém pra trás. *Five hundred bucks for a ticket? They're trying to rook you!* / Quinhentos dólares por um ingresso? Eles estão tentando te passar pra trás!

room-for-rent *s* idiota, imbecil, babaca, tonto. *Hey, room-for-rent, where did you put the keys?* / Aí, tonto, onde você colocou as chaves?

rooster *s* nádegas, bunda, traseiro. *He fell down smack on his rooster.* / Ele caiu de bunda.

root (abreviação de *cheroot*) *s* cigarrilho ou charuto. *That root stinks like hell!* / Esse charuto fede pra burro! • *v* comer feito um porco. *Don't root! Eat properly.* / Não coma feito um porco! Coma direito.

rosie lee *s Brit* (rima com *tea*) chá. *How about a cup of rosie lee?* / Que tal uma xícara de chá?

rosy *adj* bom, razoável, tranquilo. *Things are not rosy around here.* / As coisas não estão boas por aqui.

rot *s* absurdo, besteira, asneira, bobagem. *He just speaks rot!* / Ele só fala besteira!

rotgut *s* bebida alcoólica de má qualidade, porcaria. *How can you drink that rotgut?* / Como você consegue beber essa porcaria?

rough up *v* espancar, dar uma surra, dar uma lição em alguém. *If you don't pay by Friday, I'll send a* *few of my guys around to rough you up.* / Se você não pagar até sexta-feira, eu vou mandar meus homens pra te dar uma lição.

round *s* rodada (de bebidas). *Here! Let me pay for this round!* / Aí! Deixa que eu pago essa rodada!

row *s Brit* briga, desentendimento, bate-boca. *They had a row over the bill.* / Eles tiveram um bate-boca por causa da conta.

rubber check / rubber cheque *s* cheque sem fundo, borrachudo. *He gave me a rubber cheque.* / Ele me passou um cheque sem fundo.

rubber *s* **1** preservativo, camisinha. *Remember to use a rubber.* / Lembre-se de usar camisinha. **2** pneu. *We've got to get some new rubber for this car.* / A gente precisa comprar uns pneus novos pra este carro.

rubbish *s* mentira, besteira, papo-furado. *What's this rubbish about you quitting school?* / Que besteira é essa de você querer sair da escola?

rude *adj* ótimo, excelente, da hora, incrível, animal. *That's one rude car!* / Esse carro é animal!

rug *s* peruca. *He looks ridiculous wearing that rug!* / Ele está ridículo usando aquela peruca!

rug rat *s* bebê, criança pequena, pirralho. *It's time to put the rug rats to bed!* / É hora de colocar esses pirralhos pra dormir!

rule / rule OK *v* ser excelente, ótimo, o melhor; detonar. *Pink Floyd rules OK!* / Pink Floyd detona!

runs *s* (com o artigo *the*) diarreia. *Harvey has the runs.* / O Harvey está com diarreia.

runt *s* pessoa de baixa estatura e fraca, baixinho, frangote, tampinha, anão de jardim. *Are you going to let that runt talk to you like that?* / Você vai deixar esse tampinha falar com você desse jeito?

ruth *s* banheiro feminino. *Do you know where the ruth is?* / Você sabe onde fica o banheiro feminino? • *v* vomitar, chamar o Hugo. *I think I'm going to ruth!* / Acho que vou vomitar!

S

sack *s* **1** demissão. *If the boss finds out about this, I'll get the sack!* / Se o chefe ficar sabendo disso, eu vou ser demitido! **2** cama. *I'm tired. I'm going to hit the sack early tonight.* / Eu estou cansado. Vou pra cama cedo hoje à noite. **3** escroto, saco. *He caught his sack in his zipper.* / Ele prendeu o saco no zíper da calça. • *v* demitir alguém. *They're going to sack some people before the end of the year.* / Eles vão demitir algumas pessoas antes do fim do ano.

sack out *v* dormir. *I'm pretty tired. I think I'll sack out early tonight.* / Eu estou bastante cansado. Acho que vou dormir cedo hoje à noite.

sack time *s* sono, descanso (na cama). *I'm exhausted. I need some sack time.* / Eu estou exausto. Preciso de um descanso.

sad *adj* **1** de qualidade inferior, inadequado, ruim, triste. *That's one sad car you're driving!* / Esse carro que você está dirigindo é triste! **2** incapaz, inútil, palerma. *You didn't even kiss her? Man, are you ever sad?* / Você nem a beijou? Cara, você é um palerma?

safe *s* camisinha. *You can get a pack of safes at the drugstore.* / Você pode comprar um pacote de camisinhas na farmácia.

salami *s* pênis, pinto, pau. *Put your salami back in your pants!* / Coloque o pinto para dentro das calças!

salt *s* marinheiro ou velejador experiente. *Mark has a sailboat, but he's not exactly a salt.* / O Mark tem um veleiro, mas ele não é exatamente um velejador experiente.

sap *s* pessoa fácil de enganar, otário, trouxa. *The sap paid a thousand for a fake Rolex!* / O trouxa pagou mil dólares por um Rolex falso!

sarky (derivação de *sarcastic*) *adj Brit* sarcástico. *Don't be so sarky!* / Não seja tão sarcástico!

sarnie (derivação de *sandwich*) *s Brit* sanduíche. *Fancy a bacon* *sarnie?* / Aceita um sanduíche de bacon?

sass *s* impertinência, abuso, desaforo. *She said that? What sass!* / Ela disse isso? Que desaforo! • *v* ser impertinente, responder, retrucar. *Look here, young man, don't sass me!* / Olhe aqui, rapazinho, não retruque!

sassy *adj* impertinente, desrespeitoso, abusado, sem educação. *Laura's kids are pretty sassy, don't you think?* / As crianças da Laura são bem sem educação, você não acha?

Saturday night special *s Amer* pistola pequena e barata. *There are lots of people on the streets walking around with Saturday night specials.* / Tem muita gente nas ruas andando por aí com uma pistola.

sauce *s* bebida alcoólica, pinga, cachaça. *Damion really likes the sauce.* / O Damion é bem chegado numa cachaça.

sauced *adj* bêbado, chapado, trincado. *He lost his license for driving while sauced.* / Ele perdeu a carteira de motorista por dirigir bêbado.

savvy *s* conhecimento, inteligência, experiência, esperteza. *You need a lawyer with savvy to win this lawsuit.* / Você precisa de um advogado com experiência para ganhar essa causa. • *v* entender, sacar, manjar. *That's the procedure. Do you savvy?* / Esse é o procedimento. Você entende? • *adj* bem informado, esperto, ligado. *He's too savvy to fall for that.* / Ele é muito esperto pra cair nessa.

sawbones *s* médico. *He's the only sawbones in town.* / Ele é o único médico na cidade.

sawbuck *s Amer* nota de 10 dólares. *Can you lend me a sawbuck till tomorrow?* / Você pode me emprestar 10 dólares até amanhã?

scab *v Austr* pedir emprestado, implorar por algo, mendigar. *He scabbed me for some spare change and a cigarrette.* / Ele me pediu um trocado e um cigarro.

scads *s* grande quantidade de algo, muito. *He's got scads of money.* / Ele tem muita grana.

scag *s* **1** heroína. *He's high on scag.* / Ele está chapado sob efeito de heroína. **2** mulher fácil, vagabunda. *The scag is sleeping with half of the guys in the office.* / A vagabunda está dormindo com metade dos caras do escritório.

scam *s* esquema ilegal para enganar ou roubar, fraude, golpe. *There are lots of scams on the internet.* / Tem muita fraude na internet. • *v* enganar alguém para roubar. *Don't give them your credit card number. I think they're scamming you.* / Não dê o número do seu cartão de crédito a eles. Eu acho que eles estão te enganando.

scammer *s* estelionatário, fraudador, golpista. *The internet is full of scammers.* / A internet está cheia de golpistas.

scamp s malandro, velhaco, pilantra. *He's a scamp. He cheats at cards.* / Ele é um pilantra. Ele trapaceia no jogo de cartas.

scarf / scarf down v comer algo rapidamente. *Scarf your sandwich and let's go!* / Come logo esse sanduíche e vamos embora!

scat v ir embora, se mandar, sumir. *We'd better scat or we'll be late for the movie!* / É melhor a gente se mandar ou vamos chegar atrasados para o filme. • interj vá embora, suma daqui, cai fora. *Scat! I'm studying!* / Cai fora! Eu estou estudando!

scatterbrain s pessoa de memória fraca, distraído, desligado, desmiolado. *He's such a scatterbrain! He keeps losing his glasses!* / Que cara distraído! Ele vive perdendo os óculos!

scene s **1** lugar, situação, ambiente. *I don't like the scene here. Let's go!* / Eu não gosto deste ambiente. Vamos embora! **2** gosto, preferência, praia. *Electronic music just isn't my scene.* / Música eletrônica não é a minha praia.

scheme s plano, esquema (geralmente ilegal). *Fred's thought up a scheme to win the contest.* / O Fred bolou um esquema para ganhar o concurso. • v planejar, esquematizar, bolar, tramar algo. *I don't know what she's scheming, but it can't be good for us!* / Eu não sei o que ela está tramando, mas não deve ser nada bom pra gente!

schizo (abreviação de *schizophrenic*) s esquizofrênico, louco, maluco. *Some schizo keeps phoning me in the middle of the night.* / Um maluco anda me telefonando no meio da noite.

schlemiel s **1** pessoa fácil de enganar, otário, trouxa. *You paid 50 bucks for that? What a schlemiel!* / Você pagou 50 pratas por isso? Que trouxa! **2** idiota, imbecil, babaca, tonto. *The schlemiel put the wrong part in and now the motor won't start!* / O babaca colocou a peça errada e agora o motor não quer pegar!

schlep / schlepp s jornada ou viagem difícil. *It's quite a schlep to the ruins, but it's worth it.* / É uma viagem difícil até as ruínas, mas vale a pena. • v carregar ou levar algo (geralmente com dificuldade). *I'm tired of schlepping your shopping bags all over the mall!* / Eu estou cansado de carregar suas sacolas de compras por todo o shopping.

schmuck s pessoa fácil de enganar, otário, trouxa. *Of course he's lying! Don't be such a schmuck!* / Claro que ele está mentindo! Não seja otário!

scoff / scoff down v comer. *Let's scoff a pizza after the movie.* / Vamos comer uma pizza depois do filme.

scoop s furo jornalístico. *She won a prize for her scoop that exposed the minister's involvement in the scandal.* / Ela ganhou o prêmio pelo furo jornalístico que expôs o envolvimento do ministro no escândalo.

scope / scope out *v* avaliar, investigar, dar uma olhada. *Let's scope out this party.* / Vamos dar uma olhada nessa festa.

scorcher *s* dia muito quente, forno (tempo, clima). *Looks like it's going to be a scorcher today!* / Parece que o dia vai ser um forno hoje!

score *s* **1** verdade sobre alguém ou algo, babado, parada. *What's the score on Gina anyway?* / Qual é a parada sobre a Gina, afinal? **2** resultado ou lucro de roubo. *The score from the heist amounted to over a million dollars.* / O lucro do roubo ultrapassou um milhão de dólares. • *v* **1** obter, conseguir, arrumar, descolar algo. *I scored two tickets to the game tonight.* / Eu descolei duas entradas para o jogo de hoje à noite. **2** fazer sexo, transar, levar alguém pra cama. *How was your date? Did you score?* / Como foi o encontro? Você a levou pra cama?

scraggy *adj* magro, magricelo, malcuidado. *Doesn't anyone feed this scraggy dog?* / Ninguém dá comida pra esse cachorro malcuidado?

scram *v* ir embora, se mandar, sumir. *I thought I told you kids to scram!* / Eu achei que havia mandado vocês sumirem daqui, molecada! • *interj* vá embora, suma daqui, cai fora. *Scram! I'm working!* / Suma daqui! Eu estou trabalhando!

scratch *s* dinheiro, grana. *I'm a bit low on scratch this month.* / Eu estou meio sem grana este mês.

• *v* **1** cancelar (plano, projeto). *They scratched the plan to expand the subway to the suburbs.* / Eles cancelaram o projeto de expandir o metrô para a periferia. **2** ignorar, desconsiderar, esquecer. *On second thought, scratch that idea. It wouldn't work anyway.* / Pensando melhor, esqueça essa ideia. Não ia dar certo mesmo.

scream *s* pessoa ou algo muito engraçado ou divertido, comédia. *Karen is a scream.* / A Karen é uma comédia. *The film is a scream.* / O filme é muito engraçado.

screw around *v* **1** trair, sair com outra pessoa. *Jim thinks his wife is screwing around.* / O Jim acha que a mulher dele está saindo com outro. **2** perder tempo fazendo algo inútil, ficar à toa. *Quit screwing around and get back to work!* / Pare de ficar à toa e volte para o trabalho!

screw *s* **1** guarda de prisão, carcereiro. *The screw takes the prisoners down to the courtyard at 10 o'clock every day.* / O carcereiro leva os presos para o pátio às dez horas todos os dias. **2** *vulg* sexo, transa. *Feel like a screw?* / Você está a fim de uma transa? **3** salário, renda. *What do you think Hank's screw is anyway?* / Quanto você acha que o Hank ganha, afinal? • *v vulg* **1** fazer sexo, transar, trepar. *Don't even think about trying to screw her on the first date.* / Nem pense em tentar transar com ela no primeiro encontro. **2** enganar, sacanear, ferrar, foder alguém. *You paid 100 bucks for that? You were* *screwed, man!* / Você pagou 100 pratas por isso? Você foi sacaneado, cara! *My ex-wife and her lawyer are really screwing me over.* / A minha ex-mulher e o advogado dela estão me ferrando pra valer. • *interj* esquece, que se dane. *Screw lunch! I don't have time!* / Que se dane o almoço! Eu estou sem tempo!

screw up *v vulg* **1** fazer algo errado, atrapalhar-se, cagar em algo. *I think I screwed up the interview.* / Eu acho que me atrapalhei todo na entrevista. **2** arruinar, danificar, estragar, foder algo. *I screwed up my knee playing tennis.* / Eu fodi meu joelho jogando tênis.

screwball *s* pessoa estranha, maluco, doido, pirado. *There's a screwball at the door saying he's Napoleon!* / Tem um doido aí na porta dizendo que é Napoleão! • *adj* maluco, doido, pirado. *She's got some pretty screwball ideas!* / Ela tem umas ideias bem malucas!

screw-up *s* **1** algo errado, palhaçada, mancada, pisada na bola. *One more screw-up and I'll fire him!* / Mais uma mancada e eu vou mandá-lo embora! **2** idiota, imbecil, babaca, tonto. *The stupid screw-up lost his job again!* / O tonto perdeu o emprego de novo!

screwy *adj* estranho, esquisito, maluco. *Dave is full of screwy ideas! Now he wants to live in a cave!* / O Dave é cheio de ideias malucas! Agora ele quer morar numa caverna!

scrooge *s* pessoa avarenta, unha de fome, pão-duro, mão de vaca. *Don't be such a scrooge!* / Não seja pão-duro!

scrub *v* cancelar algo. *The boss scrubbed the project.* / O chefe cancelou o projeto.

scrummy *adj* excelente, maravilhoso. *They serve a chocolate cake which is absolutely scrummy!* / Eles servem um bolo de chocolate que é simplesmente maravilhoso!

scum / scumbag *s* pessoa repugnante, canalha, escroto. *Why do you hang around with that scum?* / Por que você anda com esse escroto?

scuz / scuzz / scuzball *adj* pessoa repugnante, canalha, escroto. *The scuzball steals money from his grandmother.* / O canalha rouba dinheiro da avó.

scuzzy *adj* sujo, nojento. *The kitchen floor is pretty scuzzy.* / O chão da cozinha está bem sujo.

search me *interj* não sei, sei lá, vai saber. *'Where's Mike?' 'Search me?!'* / 'Onde está o Mike?' 'Vai saber?!'

seat *s* nádegas, bunda, traseiro. *Get off your seat and help me!* / Levante a bunda daí e venha me ajudar!

sec (abreviação de *second*) *s* segundo, momentinho. *I'll be ready in a sec!* / Estarei pronto em um segundo! *Just a sec. I've got another line.* / Só um momentinho. Tem alguém na outra linha.

sellout *s* pessoa que compromete os valores morais e éticos por dinheiro, fama ou benefício pessoal (artista, advogado etc.); artista que se vende, traidor. *The fans are calling him a sellout for singing more mellow songs and always being on TV.* / Os fãs estão dizendo que ele se vendeu por estar cantando músicas mais românticas e aparecendo frequentemente na TV.

seppo / septic tank *s Brit pej* (rima com *yank*) americano (pessoa). *This place is full of seppos.* / Este lugar está cheio de americanos.

serious *adj* ótimo, excelente, da hora, incrível, animal. *That's one serious car, mate!* / Esse carro é animal, cara!

set of wheels *s* automóvel, carro. *Fred's got a new set of wheels!* / O Fred comprou um carro novo!

set up *v* **1** arrumar namorado ou namorada para alguém, ajeitar uma pessoa para alguém. *I was trying to set Sarah up with a friend of mine.* / Eu estava tentando ajeitar a Sarah para um amigo meu. **2** sacanear alguém, aprontar com alguém. *I'll catch whoever set me up for this!* / Eu vou pegar quem aprontou isso pra mim!

setup *s* **1** estabelecimento, escritório, moradia, casa. *Have you seen their new setup?* / Você já viu o novo escritório deles? **2** esquema, trama, armadilha, golpe. *This looks like a setup, if you ask me.* / Isso parece um golpe, na minha opinião.

sewermouth *s* pessoa que fala muito palavrão, boca-suja. *Watch your language, sewermouth!* / Cuidado com a língua, seu boca-suja!

shack up *v* morar juntos (sem ser casados), ajuntar-se. *Her Dad wasn't happy about her shacking up with Brian.* / O pai dela não gostou de ela ter se ajuntado com o Brian.

shackles *s* algemas. *The police brought him to the courthouse in shackles.* / A polícia o levou para o tribunal algemado.

shades *s* óculos de sol. *Nice shades! Where did you get them?* / Óculos de sol bacanas! Onde você os comprou?

shaft *s vulg* pênis, pinto, pau. *He pulled out his shaft.* / Ele pôs o pinto pra fora. • *v* enganar, trapacear, sacanear alguém. *If you paid two thousand for that camera, you got shafted.* / Se você pagou dois mil por essa câmera, você foi enganado.

shag *s Brit vulg* **1** sexo, transa, foda. *That was a pretty good shag!* / Essa foi uma transa e tanto! **2** parceiro ou parceira (sexual). *Did you find a shag at the party last night?* / Você descolou alguém na festa ontem à noite? • *v Brit vulg* fazer sexo, transar, comer alguém. *They say Bob is shagging his secretary.* / Estão dizendo por aí que o Bob está comendo a secretária.

shagged / shagged out *adj* cansado, exausto, só o pó. *What a* *long day! I'm shagged!* / Que dia longo! Eu estou só o pó!

shake (abreviação de *milkshake*) *s* leite e sorvete batido, *milkshake*. *Would you like a chocolate shake?* / Você gostaria de tomar um *milkshake* de chocolate?

shake it *interj* rápido, anda logo. *Shake it! We're late!* / Anda logo! Nós estamos atrasados!

shambles *s Brit* desordem, bagunça, zona. *The house is a shambles and the guests are arriving in half an hour!* / A casa está uma zona e os convidados vão chegar em meia hora!

shank *s* faca caseira ou punhal (termo usado na prisão). *The guard found a shank in the bathroom.* / O guarda achou um punhal no banheiro.

shark *s* **1** trapaceiro, pilantra, vigarista. *The guy is a shark!* / O cara é um vigarista! **2** advogado. *You'd better hire a good shark or you'll go bankrupt.* / É melhor você contratar um bom advogado ou irá à falência.

sharp *adj* **1** inteligente, esperto. *Henry isn't very sharp.* / O Henry não é muito esperto. **2** bonito, elegante. *You look sharp today!* / Como você está elegante hoje!

shed-load *s* grande quantidade, monte, porrada de algo. *We've got a shed-load of work at the office this week.* / Nós temos uma porrada de trabalho no escritório esta semana.

sheen *s* carro, automóvel, caranga. *I've got my sheen parked outside.* / Estou com o meu carro estacionado aí fora.

sheepskin *s* diploma de ensino médio ou faculdade. *Where is that sheepskin from?* / De onde é esse diploma?

sheila *s Austr* mulher, garota, mina. *We met some nice sheilas at the pub.* / A gente conheceu umas minas da hora no bar.

shekels *s* dinheiro, grana. *People say she married Paul for his shekels.* / Dizem que ela se casou com o Paul por causa da grana dele.

shield *s* distintivo (policial). *He flashed his shield and asked a few questions.* / Ele mostrou o distintivo e fez umas perguntas.

shindig *s Amer* festa ou encontro animado. *There was a big shindig at a restaurant after the wedding.* / Teve uma bela festa num restaurante depois do casamento.

shiner *s* olho roxo (de uma pancada, soco etc.). *How did you get that shiner?* / Como você conseguiu esse olho roxo?

shirty *adj Brit* impaciente, bravo, nervosinho. *Don't get shirty with me, young man!* / Não banque o nervosinho comigo, garoto!

shit *s vulg* **1** fezes, cocô, merda, bosta. *I just stepped in dog shit!* / Eu acabei de pisar em merda de cachorro. **2** mentira, besteira, papo-furado. *She gave me some shit about being late because* *of the traffic.* / Ela me veio com um papo-furado de que tinha se atrasado por causa do trânsito. **3** coisa, tralha, tranqueira. *Can you hold my shit a minute?* / Dá pra você segurar as minhas coisas por um minuto? **4** posses, pertences, coisas de uma pessoa. *You can keep your shit at my place till you find an apartment.* / Você pode deixar as suas coisas na minha casa até encontrar um apartamento. **5** algo sem valor ou que não presta. *It turns out the land isn't worth shit.* / Acontece que o terreno não vale nada. **6** mau-caráter, safado, filho da puta. *The new manager is a real shit.* / O novo gerente é um filho da puta. **7** droga (geralmente maconha). *Dave got busted with a kilo of shit.* / O Dave foi preso com um quilo de maconha. • *v vulg* **1** defecar, fazer cocô, cagar. *Can I use your bathroom? I have to shit.* / Posso usar o seu banheiro? Eu tenho que fazer cocô. **2** mentir, enganar, sacanear alguém. *You wouldn't shit me about something like that, would you?* / Você não mentiria para mim sobre isso, né? **3** demonstrar medo, cagar nas calças. *Ben was shitting himself before the fight.* / O Ben estava cagando nas calças antes da briga. • *adj vulg* de má qualidade, péssimo, horrível, de merda. *What a shit movie!* / Que filme de merda! • *interj vulg* merda. *Shit! I just broke a nail!* / Merda! Quebrei minha unha!

shit-ass *s vulg* pessoa desprezível, canalha, safado, filho da puta. *Did they catch that shit-ass who stole your car?* / Eles prenderam o filho da puta que roubou o seu carro?

shit-bag *s vulg* pessoa desprezível, canalha, safado, filho da puta. *The shit-bag still owes me money.* / O safado ainda me deve uma grana.

shite (derivação e alternativa menos ofensiva que *shit*) *interj* droga, porcaria, cacete. *Shite! The door won't open!* / Droga! A porta não quer abrir!

shitfaced *adj vulg* bêbado, chapado, trincado. *Joan was so shitfaced that she jumped into the pool with her clothes on.* / A Joan estava tão chapada que pulou na piscina de roupa e tudo.

shit-for-brains *s Amer vulg* idiota, imbecil, babaca, tonto. *What's that shit-for-brains doing in my room?* / O que esse imbecil está fazendo no meu quarto?

shithead *s vulg* idiota, imbecil, babaca, tonto. *Which one of you shitheads dented the car?* / Qual foi o idiota de vocês que amassou o carro?

shitkicker *s vulg* **1** pessoa simples e rude do campo, caipira. *I refuse to take orders from that little shitkicker!* / Eu me recuso a receber ordens desse caipira! **2** bota ou sapato rústico e pesado, botina. *You're not going to wear those shitkickers to the party, are you?* / Você não vai usar essa botina na festa, vai?

shits *s vulg* (usado com o artigo *the*) diarreia, cocô mole. *Mexi-*

can food gives me the shits. / Comida mexicana me dá diarreia.

shitter *s vulg* banheiro. *Can I use your shitter?* / Posso usar o seu banheiro?

shitty *adj vulg* de má qualidade, insignificante, vagabundo, de merda. *Why do you still drive that shitty old car?* / Por que você ainda dirige essa merda de carro velho? *The show was pretty shitty!* / O show foi bem vagabundo!

shiv *s* faca, punhal. *The guard caught him with a shiv in his cell.* / O guarda o pegou com um punhal na cela. • *v* esfaquear, apunhalar. *Don shivved Martin during the fight.* / O Don esfaqueou o Martin durante a briga.

shlemiel *V schlemiel.*

shlep *V schlep / schlepp.*

shocker *s* notícia chocante, bomba. *Want to hear a shocker? Brenda's pregnant again!* / Quer ouvir uma bomba? A Brenda está grávida de novo!

shocks (abreviação de *shock absorbers*) *s* amortecedores. *I got a pair of new shocks for my car.* / Eu comprei um par de amortecedores novos para o meu carro.

shoot *interj* **1** pode falar, manda bala. *'Can I ask you something?' 'Shoot. I'm all ears!'* / 'Posso te perguntar uma coisa?' 'Pode falar! Eu sou todo ouvidos!' **2** *interj* caramba, puxa. *Shoot! We just missed the bus!* / Caramba! Acabamos de perder o ônibus!

shoot-out *s* **1** tiroteio (armas). *I was in the middle of the shoot-out!* / Eu estava no meio do tiroteio! **2** discussão, bate-boca, arranca-rabo. *There was a big shoot-out in the office this morning.* / Teve o maior arranca-rabo no escritório hoje de manhã.

shoplift *v* roubar, passar a mão (loja, supermercado). *The kids shoplifted some chocolate bars at the supermarket.* / Os moleques roubaram umas barras de chocolate do supermercado.

shot *s* **1** tentativa. *Is that your best shot?* / Essa é a sua melhor tentativa? **2** dose de bebida, droga, injeção etc. *Have a shot of this stuff!* / Experimenta uma dose disso! • *adj* quebrado, pifado, fundido. *The microwave is shot. You'll have to buy a new one.* / O micro-ondas está pifado. Você vai ter que comprar um novo.

shoutout / shout out *s Brit* agradecimento, salve, abraço. *I want to give a shoutout to all my friends in the audience.* / Eu quero mandar um abraço para todos os meus amigos na plateia.

show biz (abreviação de *show business*) *s* indústria de entretenimento (TV, cinema, teatro etc.). *The big money is in show biz.* / A grana alta está na indústria de entretenimento.

shrimp *s pej* pessoa de baixa estatura, baixinho, anão. *That little shrimp wouldn't dare fight me!* / Aquele baixinho não teria coragem de brigar comigo!

shrink *s* psicanalista ou psiquiatra. *My shrink thinks I'm too anxious.* / O meu psicanalista acha que eu sou ansioso demais.

shut up *interj* fique quieto, cale a boca. *Shut up! I'm on the phone!* / Cala a boca! Eu estou no telefone!

shut-eye *s* sono, soneca. *I'm going to my room for a little shut-eye.* / Eu vou para o meu quarto tirar uma soneca.

shyster *s* pessoa desonesta, malandro, pilantra. *I wouldn't buy a used car from that shyster!* / Eu não compraria um carro usado daquele pilantra!

silks *s* roupa. *Nice silks! Are you going to a party?* / Bela roupa! Você vai a alguma festa?

simp (abreviação de *simpleton*) *s* simplório, bobo, tonto. *The simp doesn't understand half what I tell him!* / O tonto não entende metade do que eu digo a ele!

sing *v* entregar alguém, abrir o bico. *I knew that Sam would never sing to the police.* / Eu sabia que o Sam nunca abriria o bico pra polícia.

sis (abreviação de *sister*) *s* irmã. *My sis is staying with us for the weekend.* / A minha irmã está na minha casa passando o fim de semana conosco.

sissy *s* homem ou menino afeminado ou medroso, maricas, mulherzinha. *Don't be such a sissy! Get in the water!* / Não seja mulherzinha! Entre na água!

sitcom (abreviação de *situation comedy*) *s* seriado cômico de TV que mostra situações engraçadas do dia a dia. *'Friends' was one of the most popular sitcoms on American TV.* / 'Friends' foi um dos seriados cômicos mais populares da televisão americana.

six-pack *s* **1** caixa com seis latas de cerveja. *Let's pick up a six-pack to bring to the beach.* / Vamos pegar uma caixa com seis latas de cerveja e levar pra praia. **2** abdômen bem definido (por musculação), barriga de tanquinho. *He works out every day. Look at his six-pack.* / Ele malha todos os dias. Olha a barriga de tanquinho dele.

sixty-nine / sixty-niner / 69 *s vulg* sexo oral mútuo, meia-nove. *They were caught doing a sixty-nine in the car.* / Eles foram pegos fazendo um meia-nove dentro do carro.

skank *s* **1** mulher feia, mocreia, baranga, tribufu, canhão, bruaca, jaburu. *How can you go out with a skank like that?* / Como você pode sair com uma mocreia daquela? **2** maconha (muito potente). *Where did you get this skank?* / Onde você comprou esta maconha?

skeen *interj Brit* certo, entendido, saquei, tô ligado. *'It's going to be a quick job!' 'Skeen!'* / 'Vai ser um lance rápido!' 'Tô ligado!'.

skeeter (derivação de *mosquito*) *s Amer* pernilongo. *This place is full of skeeters!* / Este lugar está cheio de pernilongos!

skid mark *s* mancha marrom de sujeira na cueca, marca de freada na cueca. *Check out that skid mark on his underwear!* / Olha só a marca de freada na cueca dele!

skin and blister (rima com *sister*) *s Brit* irmã. *I've got to pick up my skin and blister at school.* / Eu tenho que pegar a minha irmã na escola.

skin flick *s* filme erótico ou pornográfico. *Peter brought a skin flick for us to watch.* / O Peter trouxe um filme pornô pra gente assistir.

skin *s* **1** sexo, transa. *So, are you getting any skin with Nancy?* / E aí, você está transando com a Nancy? **2** (abreviação de *skinhead*) skinhead. *Martin is a skin.* / O Martin é um *skinhead*.

skinny dip *v* tomar banho pelado (em piscina, lago, mar). *At the end of the party everyone went skinny dipping in the pool!* / No final da festa todo mundo foi tomar banho pelado na piscina!

skinful *s* grande quantidade de bebida alcoólica, porre. *Bernard had a skinful at the party.* / O Bernard tomou um porre na festa.

skinhead *s* **1** pessoa da subcultura inglesa dos *skinheads* ou movimento *punk rock*. *The skinheads hang out in the punk bars.* / Os *skinheads* frequentam os bares *punk*. **2** pessoa com valores anti-imigração ou racistas associados a gangues violentas. *Police arrested two skinheads for beating up a Turkish immigrant.* / A polícia prendeu dois *skinheads* por espancarem um imigrante turco.

skinny *s* informação, verdade, babado, parada sobre alguém ou algo. *So, what's the skinny on Robert and Nancy?* / E aí, qual é que é a parada sobre o Robert e a Nancy?

skip it *interj* esquece, deixa pra lá. *Skip it! It wouldn't work anyway.* / Esquece! Não ia dar certo mesmo!

skirt *s* mulher, garota, mina. *Who's the skirt talking to Jason?* / Quem é a garota conversando com o Jason?

skive *v Brit* fugir de responsabilidade ou ficar à toa (trabalho, escola etc.), enrolar no serviço. *Will you stop skiving and get back to work?.* / Dá pra você parar de enrolar e voltar para o trabalho?

skivvies *s* roupa íntima, roupa de baixo, cueca ou calcinha. *Have you ever seen her in her skivvies?* / Você já a viu de calcinha?

sky *v* viajar de avião. *We're going to sky to Toronto next weekend.* / Nós vamos de avião para Toronto no próximo final de semana.

sky rug *s Amer* peruca. *Do you think he wears a sky rug?* / Você acha que ele usa peruca?

slacker *s* pessoa preguiçosa, vagabundo. *Don't be such a slacker and give me a hand with this!*

/ Não seja preguiçoso e me dá uma mão com isso!

slam *v* criticar severamente, meter o pau em alguém. *The government was slammed by the media for not sending aid to the hurricane victims sooner.* / O governo foi severamente criticado pela mídia por não ter enviado ajuda humanitária antes às vítimas do furacão.

slam dunk *s* enterrada em jogo de basquete. *Another slam dunk by Jordan and the game is tied!* / Outra enterrada do Jordan e o jogo está empatado! • *v* enterrar a bola em jogo de basquete. *He slam dunks another one and the crowd goes wild!* / Ele enterra mais uma e a galera vai à loucura!

slam-bang *adj* barulhento, agitado, animal. *It was a slam-bang party!* / Foi uma festa animal!

slammer *s* cadeia, prisão. *He spent 10 years in the slammer for armed robbery.* / Ele cumpriu dez anos de cadeia por assalto à mão armada.

slant *s* **1** opinião, visão de algo. *The documentary had a conservative slant on the issue.* / O documentário demonstrou uma opinião conservadora sobre o caso. **2** *pej* pessoa de origem asiática, oriental. *There are a lot of slants in this neighborhood.* / Tem muitos asiáticos neste bairro.

slapper *s vulg pej* mulher vulgar, vagabunda, puta. *Check out the slapper sitting by the pool.* / Se liga naquela vagabunda sentada ao lado da piscina.

slash *s* ato de urinar, xixi, mijada. *Where's the bathroom? I need to have a slash.* / Onde fica o banheiro? Eu preciso dar uma mijada.

slay *v* deixar alguém atônito ou alucinado, levar alguém ao delírio com uma apresentação ou show. *She always slays the audience with her performances.* / Ela sempre leva a plateia ao delírio com as suas apresentações.

sleaze *s* **1** imoralidade, baixaria, safadeza, zona. *The tabloids love to report on Hollywood sleaze.* / Os tabloides adoram cobrir a baixaria que acontece em Hollywood. **2** pessoa baixa e sem ética, sem-vergonha, safado, canalha. *Police arrested the sleaze who runs the betting shop.* / A polícia prendeu o safado que comandava o balcão de apostas.

sleazebag *s* pessoa sem moral ou ética, safado, sem-vergonha. *The defense lawyer is a real sleazebag.* / O advogado de defesa é um verdadeiro sem-vergonha.

sleazy *adj* **1** sujo, mal cuidado, mixuruca. *We stayed in a sleazy little hotel near the beach.* / Nós ficamos num hotelzinho mixuruca perto da praia. **2** vulgar, imoral, safado, sem-vergonha. *He was acquitted with the help of his sleazy lawyer.* / Ele saiu impune com a ajuda do safado do advogado dele.

slick *adj* **1** bom de convencer os outros, bom de papo, liso (geralmente com significado pejorativo). *You'd better be careful if you're going to do business with him. The guy is slick!* / É melhor você ficar esperto se for fazer negócio com ele. O cara é liso! **2** ótimo, excelente, da hora, animal. *That's a slick idea!* / Essa é uma ótima ideia! *He drives around town in a slick car.* / Ele anda pela cidade num carro da hora!

slick-chick *s* garota bonita, atraente, sexy, mina da hora. *Monica is a slick-chick.* / A Monica é uma garota sexy!

slime / slimebag *s* pessoa sem moral ou ética, sem-vergonha, safado, canalha. *They found the slimebag that robbed the old lady.* / Eles encontraram o safado que assaltou a velhinha.

slip up *v* errar, cometer um engano ou uma gafe, dar uma mancada. *He slipped up and gave me the wrong check.* / Ele cometeu um engano e me passou o cheque errado.

slip-up *s* erro, engano, gafe, mancada. *That was a stupid slip-up. Sorry about that.* / Foi uma mancada feia. Desculpa aí.

slob *s* **1** pessoa preguiçosa e desleixada. *The slob just sits at home all day watching TV!* / O preguiçoso fica em casa sentado o dia inteiro vendo TV! **2** pessoa gorda, desleixada e suja, porco, porcalhão. *You just spilled mayonnaise on the sofa, you slob!* / Você derramou maionese no sofá, seu porcalhão!

slo-mo (derivação de *slow motion*) *adj* câmera lenta. *Let's see that scene in slo-mo now.* / Vamos ver essa cena em câmera lenta agora.

slope *s pej* pessoa de origem asiática, oriental. *Most of the electronics stores in this neighborhood are owned by slopes.* / A maioria das lojas de aparelhos eletrônicos neste bairro pertence a orientais.

sloshed *adj* bêbado, chapado, trincado. *Lenny was so sloshed he could barely speak!* / O Lenny estava tão trincado que mal conseguia falar!

slummy *adj* sujo, imundo, baixo. *What a slummy place!* / Que lugar imundo!

slush fund *s* dinheiro guardado para fins ilegais, caixa dois. *The minister admitted to using a slush fund to buy favors.* / O ministro admitiu ter usado caixa dois pra comprar favores.

slut *s vulg* mulher promíscua, galinha, piranha, vagabunda, puta. *The slut has slept with half the guys in the office!* / A vagabunda já dormiu com metade dos caras no serviço.

sly *adj* ótimo, excelente, da hora, animal. *That's a sly watch you got there!* / Esse seu relógio é da hora!

smack *s* heroína. *Police seized a shipment of 100 kilos of smack in the port.* / A polícia interceptou um carregamento de 100 quilos de heroína no porto.

smacker *s* **1** rosto, cara, boca. *She gave him a punch in the smacker.* / Ela deu um soco na cara dele. **2** nota de um dólar. *I've got a couple of smackers if you need some.* / Eu tenho algumas notas de um dólar se você precisar. **3** beijo, beijoca. *She gave him a smacker.* / Ela deu um beijo nele.

small beer / small change / small potatoes *s* alguém ou algo insignificante, café pequeno, fichinha. *A hundred dollars are a small beer to a guy like that!* / Cem dólares é café pequeno para um cara como ele!

smarmy *adj* bajulador, puxa-saco. *He comes across all nice, but he's just another smarmy con artist.* / Ele se passa por bacana, mas é outro vigarista bajulador.

smart *adj* de ótima aparência, arrumado, ajeitado, elegante. *You're looking very smart. Going to a party?* / Você está muito elegante. Vai a alguma festa?

smart aleck *s* pessoa que se acha esperta, sabe-tudo, espertinho, sabichão. *I don't need that smart aleck telling me what to do!* / Eu não preciso desse sabichão me dizendo o que fazer!

smart-ass / smart ass *s vulg* pessoa que se acha esperta, sabe-tudo, espertinho, sabichão. *Don't be such a smart ass!* / Não banque o sabichão!

smart cookie *s* pessoa inteligente e esperta. *She's a smart cookie. She could take care of the store on her own.* / Ela é esperta. Poderia tomar conta da loja sozinha.

smarts *s* inteligência. *He's a nice guy, but he's lacking in the smarts department!* / Ele é um cara legal, mas sofre de falta de inteligência!

smarty-pants / smarty pants *s* pessoa que acha que sabe tudo, sabichão. *Look, smarty-pants, I don't need your advice!* / Olha, sabichão, eu não preciso dos seus conselhos!

smash / smash hit *s* sucesso total, estouro, fenômeno de vendas. *Their first CD is a smash hit.* / O primeiro CD deles é um sucesso total.

smashed *adj* bêbado, chapado, trincado. *She can't drive home like that. She's completely smashed!* / Ela não pode ir para casa dirigindo nesse estado. Ela está completamente bêbada!

smashing *adj Brit* ótimo, excelente, da hora, animal. *There's a smashing Japanese restaurant on the corner.* / Tem um excelente restaurante japonês na esquina.

smeghead *s Brit* idiota, imbecil, babaca, tonto. *What do you think you're doing, smeghead?* / O que você acha que está fazendo, imbecil?

smeller *s* nariz (geralmente usado em tom humorístico). *My smeller tells me lunch is ready.* / Meu nariz está dizendo que o almoço está pronto.

smoke *s* cigarro. *I forgot my smokes in the car.* / Eu esqueci meus cigarros no carro. • *v Amer* matar, apagar alguém (com arma de fogo). *If Jim doesn't come up with the money by Friday, they'll smoke him.* / Se o Jim não aparecer com a grana até sexta-feira, eles vão apagá-lo.

smooch *s* **1** beijo. *Hey, baby, how about a smooch?* / E aí, gata, que tal um beijo? **2** beijos e carícias, amasso. *There was too much smooching in the film.* / Tinha muitas cenas de beijos e carícias no filme. • *v* beijar, dar um amasso, ficar. *They're smooching in the car.* / Eles estão dando uns amassos dentro do carro.

smurfbrain *s Amer* idiota, imbecil, babaca, tonto. *I'll explain it again, smurfbrain. Just pay attention!* / Eu vou explicar de novo, tonto. Só que preste atenção!

snag *s* **1** dificuldade, problema, obstáculo. *The engineers have come across a few snags with the prototype.* / Os engenheiros encontraram alguns problemas no protótipo. **2** mulher feia, mocreia, baranga, tribufu, canhão, bruaca, jaburu. *Alice may not be gorgeous, but she's not a snag, either.* / A Alice pode não ser linda, mas também não é nenhum tribufu. • *v* pegar, buscar, arranjar, conseguir, descolar. *If you're going to the kitchen, can you snag me a beer?* / Se você for até a cozinha, pode me descolar uma cerveja?

snail-mail *s* correio ou carta. *Most of our correspondence is by e-mail these days. We almost never get snail-mail.* / A maioria das nossas correspondências é por e-mail hoje em dia. A gente quase nunca recebe carta.

snap *s* **1** algo muito fácil, moleza, bico. *The job interview was a snap.* / A entrevista para o emprego foi moleza. **2** pouco tempo, dois palitos. *It'll be ready in a snap!* / Vai ficar pronto em dois palitos! **3** período curto de frio, frente fria. *The paper says this cold snap will end by Saturday.* / O jornal está dizendo que essa frente fria vai passar até sábado. **4** (abreviação de *snapshot*) fotografia, foto. *Here's a snap of Judy on her wedding day.* / Olha aqui uma foto da Judy no dia do casamento dela. • *v* **1** perder o controle de si, estourar, pirar. *I can't work under this pressure! I'm going to snap!* / Eu não consigo trabalhar sob esta pressão! Eu vou pirar! **2** falar abruptamente, falar ou responder com grosseria. *It was just a question. No need to snap at me like that!* / Foi só uma pergunta. Não precisa responder com tanta grosseria assim! **3** fotografar, tirar foto. *Quickly! Snap a picture before she moves!* / Rápido! Tire uma foto antes que ela se mexa!

snappy *adj* **1** bonito, elegante. *What a snappy dress! Where did you get it?* / Que vestido bonito! Onde você o comprou? **2** mal-humorado, impaciente. *Why is he so snappy?* / Por que ele está tão mal-humorado?

snatch *s vulg* vagina, boceta, perereca, xoxota. *You wouldn't catch* *me showing my snatch in some girly magazine!* / Você nunca vai me ver mostrando a perereca numa revista masculina! • *v* roubar, passar a mão. *Someone snatched his wallet on the bus.* / Alguém passou a mão na carteira dele no ônibus.

sneakers / **sneaks** *s Amer* tênis. *I like your sneakers!* / Gosto do seu tênis!

sneaky *adj* desonesto, safado, sacana. *I don't trust that sneaky lawyer one bit!* / Eu não confio nesse advogado safado nem um pouco!

snitch *s* **1** delator, dedo-duro, caguete, traíra. *The snitch told the boss I left early yesterday.* / O dedo-duro contou para o chefe que eu tinha ido embora cedo ontem. **2** ladrão. *Watch out for the snitches in the tourist spots.* / Fica esperto com os ladrões nas áreas de turistas. • *v* **1** dedurar, entregar, delatar, caguetar. *Doug snitched on the others to the police.* / O Doug caguetou os outros pra polícia. **2** roubar, passar a mão em algo. *Who snitched my pen?* / Quem roubou a minha caneta?

snitzy *adj* elegante, fino, chique, refinado, requintado. *What a snitzy place!* / Que lugar chique! *Tom is not a snitzy guy.* / O Tom não é um cara elegante.

snog *s Brit* beijo. *Come on, love. Give us a snog!* / Vamos lá, benzinho. Me dê um beijo! • *v Brit* beijar. *They were snogging on the sofa during the party.* / Eles estavam se beijando no sofá durante a festa.

snooker *v* enganar, trapacear, sacanear. *The salesman snookered you!* / O vendedor te enganou!

snookered *adj* em situação difícil, sem saída, ferrado. *If I don't pay the bank by 5 o'clock today, they'll repossess my car. I'm snookered!* / Se eu não pagar o banco até as 5 horas hoje, eles vão tomar o meu carro. Eu estou ferrado!

snoop *s* **1** fofoqueiro, bisbilhoteiro, fuxiqueiro. *Don't say anything about this to Mary. She's such a snoop!* / Não conte nada sobre isso para a Mary. Ela é uma fofoqueira! **2** detetive. *Janet hired a snoop to follow her husband.* / A Janet contratou um detetive para seguir o marido. • *v* **1** investigar, espionar, bisbilhotar, xeretar. *Someone has been snooping around the house at night looking for a way in.* / Alguém anda bisbilhotando a casa à noite, procurando uma maneira de entrar. **2** intrometer-se na vida dos outros, bisbilhotar. *I don't like you snooping in my affairs!* / Eu não gosto que você se intrometa na minha vida!

snooty *adj* **1** pomposo, pedante, metido. *The snooty guy in the blue suit is the owner of the company.* / O cara metido de terno azul é o dono da empresa. **2** exclusivo, elegante, chique. *I'd love to be invited to one of those snooty parties in Hollywood.* / Eu adoraria ser convidado para uma daquelas festas chiques em Hollywood.

snooze *s* soneca, cochilo. *I think I'll take a snooze after lunch.* / Eu acho que vou tirar um cochilo depois do almoço. • *v* dormir, cochilar. *Bob snoozed through the movie!* / O Bob dormiu durante o filme todo!

snot *s* **1** muco, caca de nariz. *Don't wipe your snot on the sofa!* / Não limpe essa caca de nariz no sofá! **2** criança mal-educada, pirralho, pestinha. *The little snot threw a tantrum in the restaurant.* / O pirralho fez o maior escândalo no restaurante.

snotty *adj* mal-humorado, grosseiro. *There's no need to get snotty with the waiter!* / Não precisa ser grosseiro com o garçom!

snow *s* **1** cocaína. *Police found 10 grams of snow in his car.* / A polícia encontrou 10 gramas de cocaína no carro dele. **2** conversa fiada, papo-furado. *No snow! Give it to me straight, dude!* / Nada de papo-furado! Fala a verdade, cara! • *v* enganar, trapacear, sacanear alguém. *You paid 50 bucks for that? You got snowed!* / Você pagou 50 pratas por isso? Você foi sacaneado!

snuff¹ *v* matar, apagar alguém. *No one knows who snuffed Jimmy yet.* / Ninguém sabe quem apagou o Jimmy ainda.

snuff² *v* morrer, bater as botas. *He snuffed it in a car accident.* / Ele morreu num acidente de carro.

soak *s Brit* bêbado, bebum, cachaceiro. *Sam used to be a bit of a soak.* / O Sam era meio cachaceiro. • *v* extorquir dinheiro, meter a faca em alguém. *In the holiday season the hotels normally soak you for whatever they can get.* / Na época de férias, os hotéis normalmente metem a faca e cobram o que querem.

soaked *adj Brit* bêbado, chapado, trincado. *They were all soaked when they got home.* / Eles estavam todos chapados quando chegaram em casa.

soap (abreviação de *soap opera*) *s* telenovela, novela. *What time is your soap on?* / A que horas passa a sua novela?

SOB (acrônimo de *son of a bitch*) *s vulg* filho da puta. *The new manager is a real SOB.* / O novo gerente é um verdadeiro filho da puta.

sob sister *s* mulher muito emotiva que chora por qualquer coisa, chorona, manteiga derretida. *She can't watch this film. She's a sob sister.* / Ela não pode ver este filme. É uma manteiga derretida.

sob story *s* história triste (contada para fazer as pessoas sentirem pena). *The bum gave me a sob story.* / O mendigo me veio com uma história triste.

sod (abreviação de *sodomite*) *s* pessoa, cara. *Who's the old sod over there?* / Quem é aquele cara ali? • *interj vulg* merda, cacete. *Oh, sod! We just missed the bus!* / Merda! A gente perdeu o ônibus!

sod off *interj vulg* cai fora, vá se foder. *Sod off! I'm busy!* / Cai fora! Eu estou ocupado! *Sod off, mate! Who do you think you are?* / Vá se foder, mano! Quem você pensa que é?

sofa spud *s* pessoa que vive sentada no sofá vendo televisão, viciado em TV. *Doris is a real sofa spud!* / A Doris é uma verdadeira viciada em TV!

soft touch *s* pessoa generosa demais e fácil de enganar, mão-aberta. *Ask Michael for the money. He's a soft touch.* / Peça dinheiro para o Michael. Ele é um mão-aberta.

softie / softy *s* pessoa sentimental demais, manteiga derretida. *Mom is such a softy! She always cries during movies.* / A minha mãe é uma manteiga derretida! Ela sempre chora durante os filmes.

solid *adj Brit* **1** bom, confiável, ponta firme. *Ted is a solid bloke.* / O Ted é um cara ponta firme. **2** ótimo, excelente, da hora, animal. *That's a solid tune, mate!* / Essa música é da hora, mano!

son of a bitch *s vulg* filho da puta, canalha, pilantra, safado. *The son of a bitch asked me to work on Saturday again!* / O filho da puta me pediu para trabalhar no sábado de novo!

soopy (derivação de *supermarket*) *s Brit* supermercado. *I'll just pop down to the soopy for some beer.* / Eu vou dar um pulinho no supermercado pra comprar umas cervejas.

sosh *s* mulher ou garota da alta sociedade que se acha superior às outras pessoas, patricinha. *She looks like a sosh to me.* / Ela parece uma patricinha, na minha opinião.

souped up *adj* modificado para ficar mais potente (motor), mexido, tunado, envenenado, turbinado. *That car is souped up for sure.* / Esse carro é mexido, com certeza.

space out *v* perder a concentração, divagar, viajar. *Sorry, were you saying something? I was spacing out.* / Desculpe, você estava dizendo alguma coisa? Eu estava viajando.

spaced / spaced out *adj* **1** desorientado, confuso, desatento. *He's so spaced out he doesn't hear half of what you say!* / Ele é tão desatento que não escuta metade do que você diz! **2** sob efeito de droga, doidão, chapado. *He usually comes to class completely spaced out.* / Ele geralmente vem pra aula completamente chapado.

spade *s pej* pessoa de origem africana, negro. *Who's the spade talking to Bill?* / Quem é o negro conversando com o Bill?

spam *s* correspondência eletrônica não solicitada, propaganda enviada por e-mail, *spam*. *I get tons of spam at the office.* / Eu recebo toneladas de *spam* no escritório. • *v* enviar *spam*. *I changed my e-mail address because I was getting spammed too much.* / Eu troquei o meu endereço de e-mail porque estava recebendo muito *spam*.

spare tire *s* **1** dobra de gordura na região da cintura, pneuzinho. *I'm working out to get rid of my spare tire.* / Eu estou malhando para acabar com esse pneuzinho. **2** pessoa desnecessária ou sobrando. *Julian is a spare tire. We don't need him anymore.* / O Julian está sobrando. Nós não precisamos mais dele.

spark *s Brit* eletricista. *Mike's father is a spark.* / O pai do Mike é eletricista.

spastic *adj* **1** hiperativo, muito agitado, fora de controle. *The kids were spastic jumping on the sofa.* / As crianças estavam muito agitadas pulando no sofá. **2** desajeitado, destrambelhado. *The waiter was so spastic! He spilled wine all over the table.* / O garçom era tão desajeitado! Ele derramou vinho na mesa toda.

spaz / spazz *s* **1** ataque, chilique. *The teacher will have a spaz if I don't hand this essay in tomorrow.* / A professora vai ter um chilique se eu não entregar esse trabalho amanhã. **2** pessoa desajeitada, destrambelhado, cabeça de vento. *You locked the key in the car, you spaz!* / Você trancou a chave dentro do carro, seu cabeça de vento!

spec (abreviação de *specification*) *s* especificações, descrição, detalhes. *Check out the specs on this new computer.* / Dê uma olhada nas especificações deste novo computador.

specs (abreviação de *spectacles*) *s* óculos de grau. *Someone forgot their specs on the table.* / Alguém esqueceu os óculos na mesa.

speed *s* anfetamina (droga). *He's on speed.* / Ele está usando anfetamina.

speg *s Brit* chiclete. *Do you want some speg?* / Você quer um chiclete?

spesh (derivação de *special*) *adj Brit* especial. *That china bowl is super spesh.* / Essa vasilha de porcelana é muito especial.

spic *s pej* pessoa de origem latina ou hispânica. *Most of the spics hang out at the Cuban bars.* / A maioria dos latinos frequenta os bares cubanos.

spike *v* colocar álcool ou droga em bebida, batizar a bebida de alguém. *Someone spiked her drink.* / Alguém batizou a bebida dela.

spill *v* confessar, entregar, revelar, abrir o bico. *He's a tough guy. He won't spill.* / Ele é durão. Não vai abrir o bico.

spin doctor *s* pessoa ligada à mídia contratada para manipular notícias e informações a favor de seus clientes, especialista em relações públicas. *Marlboro's spin doctor is capable of saying that smoking is good for you!* / O especialista em relações públicas da Marlboro é capaz de dizer que fumar faz bem para as pessoas!

spit it out *interj* fala, conta logo, desembucha. *Come on, spit it out! Who's behind this?* / Vamos lá, desembucha! Quem está por trás disso?

splash / splash out v gastar, esbanjar, ostentar dinheiro. *We splashed out on a new car.* / Nós esbanjamos dinheiro num carro novo.

split v sair, ir embora, vazar. *It's late. I'd better split.* / Está tarde. É melhor eu vazar.

splurge v gastar muito dinheiro de forma extravagante, esbaldar-se. *We splurged on a nice meal at a good French restaurant.* / Nós nos esbaldamos com uma bela refeição num bom restaurante francês.

sponge s bêbado, bebum, cachaceiro, pé de cana. *Peter likes his whisky, but I wouldn't call him a sponge.* / O Peter é chegado num uísque, mas não chega a ser um pé de cana.

spoof s paródia, imitação. *The film is a spoof on the life of Christopher Columbus.* / O filme é uma paródia da vida de Cristóvão Colombo.

spook s **1** *pej* pessoa de origem africana, negro. *The new neighbor is a spook.* / O novo vizinho é negro. **2** espião, agente secreto. *His father was a spook during the war.* / O pai dele foi agente secreto durante a guerra. • v assustar alguém. *Stop telling those ghost stories. You're spooking the kids.* / Pare de contar essas histórias de fantasmas. Você está assustando as crianças.

spot on *adj Brit* **1** certo, correto. *Your comments are absolutely spot on!* / Os seus comentários estão absolutamente corretos! **2** ótimo, excelente, da hora, animal. *The food in this place is spot on!* / A comida neste lugar é excelente!

spring v desembolsar, pagar, bancar algo. *Who's going to spring for lunch today?* / Quem vai bancar o almoço hoje?

sprog s *Brit* criança, filho. *I've got to drop the sprogs at school tomorrow morning.* / Eu tenho que levar as crianças para a escola amanhã cedo.

sprogged up *adj Brit* grávida. *Did you hear Rose is sprogged up?* / Você ouviu dizer que a Rose está grávida?

sprout s criança. *Where are the sprouts?* / Onde estão as crianças?

spud s batata. *These spuds are delicious!* / Estas batatas estão deliciosas!

spunk s **1** determinação, garra, coragem. *It takes spunk to get a degree at university.* / É preciso ter determinação para concluir um curso universitário. **2** *Austr* homem bonito, gato, pão. *Who was that spunk I saw you with yesterday?* / Quem era aquele gato com quem eu te vi ontem?

spunky *adj* cheio de energia, determinação, garra etc. *She may be small, but she sure is spunky!* / Ela pode ser pequena, mas com certeza é cheia de energia!

squawk v **1** reclamar, resmungar. *Quit squawking!* / Para de reclamar! **2** revelar algo, abrir o bico. *He won't squawk to the police.*

squeal / Ele não vai abrir o bico para a polícia.

squeal *v* revelar algo, dedurar, caguetar alguém. *He squealed on me to the teacher.* / Ele me caguetou para a professora.

squealer *s* informante, dedo-duro, caguete, traíra. *Eric is a squealer.* / O Eric é um traíra.

squeeze *s* **1** situação difícil, aperto. *I'm in a bit of a squeeze right now.* / Estou passando por um aperto no momento. **2** *Amer* bebida, cerveja. *Let's get some squeeze for the party.* / Vamos comprar umas cervejas para a festa. **3** namorado, namorada, amante. *I haven't got a squeeze at the moment.* / Estou sem namorada no momento. • *v* forçar, pressionar alguém. *He's squeezing me for the money I owe him.* / Ele está me pressionando para devolver o dinheiro que eu devo a ele.

squid *s* estudante assíduo, CDF. *He was a squid at school.* / Ele era um CDF na escola.

squirt *s* pessoa pequena, criança, baixinho. *I'll put the little squirts to bed.* / Eu vou colocar as crianças para dormir.

squirts *s* (com o artigo *the*) diarreia. *This kind of food always gives me the squirts.* / Esse tipo de comida sempre me dá diarreia.

squiz *s* *Brit* olhada, vistoriada. *Let's have a squiz at the new shop on the corner.* / Vamos dar uma olhada na nova loja da esquina.

stacked *adj* com seios grandes, peituda. *Have you seen the new secretary? She's really stacked!* / Você já viu a nova secretária? Ela tem uns peitos enormes!

stag party *s* festa de despedida de solteiro. *We're throwing a stag party for Martin this weekend.* / Nós vamos dar uma festa de despedida de solteiro para o Martin neste fim de semana.

stakeout *s* destacamento policial para vigiar uma área, campana, esquema, tocaia. *The police set up a stakeout to catch the bank robbers.* / A polícia montou um esquema para pegar os assaltantes do banco.

stallion *s* homem mulherengo, garanhão. *He thinks he's a stallion.* / Ele se acha um garanhão.

starkers *adj Brit* nu, pelado. *She was starkers when she came to the door!* / Ela estava nua quando veio atender à porta!

stash *s* reserva, estoque. *She keeps a secret stash of chocolate in her purse.* / Ela guarda uma reserva de chocolate na bolsa. • *v* guardar ou poupar para uso futuro. *I try to stash a little money for emergencies.* / Eu tento poupar um dinheiro reserva para emergências.

stats (abreviação de *statistics*) *s* estatísticas, números. *According to the latest government stats the economy is improving.* / De acordo com as últimas estatísticas do governo, a economia está melhorando.

steal *s* algo muito barato, bagatela, mixaria, pechincha. *Fifty bucks for a watch? That's a steal!* / Cinquenta pratas por um relógio? Isso é uma mixaria!

sticks *s* área ou zona rural, campo. *Living in the sticks is hard!* / A vida no campo é dura!

stiff *s* **1** cadáver. *The detective found a stiff in the apartment.* / O detetive encontrou um cadáver no apartamento. **2** pessoa muito formal e reservada, cara sério. *Ron is such a stiff! He never has fun at these parties.* / O Ron é um cara tão sério! Ele nunca se diverte nas festas. **3** pessoa comum, cara (geralmente usado para se referir a homens). *He has to learn to live on the salary of a working stiff.* / Ele tem que aprender a viver com o salário de um trabalhador comum. *The lucky stiff won a trip to France.* / O sortudo do cara ganhou uma viagem para a França. • *v* **1** não pagar ou dar uma mixaria de gorjeta. *He stiffed the waiter with a miserable tip.* / Ele deu uma mixaria de gorjeta para o garçom. **2** não pagar o que deve, dar o chapéu em alguém. *The hotel has been stiffed so many times that now they charge for the room in advance.* / O hotel levou tantos chapéus que agora eles cobram a estadia adiantado. • *adj* formal, sério, reservado. *Jeff is a little stiff, but he relaxes after a few drinks.* / O Jeff é meio sério, mas ele se solta depois de alguns goles.

stiffy *s* ereção, pau duro. *He gets a stiffy just thinking about her.* / Ele fica de pau duro só de pensar nela.

sting *s* operação na qual policiais à paisana infiltram-se numa gangue de criminosos para prendê-los. *One of the biggest drug dealers was arrested this morning in a police sting.* / Um dos maiores traficantes de drogas foi preso hoje de manhã numa operação de infiltração policial.

stink *s* escândalo, barulho, vexame, piti. *John made a stink about the hotel bill.* / O John fez um escândalo por causa da conta do hotel.

stitch *s* pessoa muito engraçada, palhaço, comédia. *Jane is a stitch. She tells such funny stories!* / A Jane é uma comédia. Ela conta umas histórias muito engraçadas!

stogie / **stogy** *s* charuto. *Are you going to stink up the house with that stogie?* / Você vai deixar a casa toda fedendo com esse charuto?

stomach *v* tolerar, aturar, suportar alguém ou algo. *I can't stomach that kind of music.* / Eu não suporto esse tipo de música.

stoned *adj* bêbado, chapado, trincado. *She was pretty stoned on her birthday.* / Ela estava bem chapada no aniversário dela.

stoner *s* pessoa que fuma maconha, maconheiro, noia. *John was a total stoner back in high school.* / O John era um maconheiro daqueles na época do colégio.

stonking *adj* enorme, imenso. *They serve a stonking big hamburger with bacon and melted cheese.* / Eles servem um hambúrguer enorme com bacon e queijo derretido.

stoolie / stool pigeon *s* informante da polícia. *The police were tipped off by a stoolie.* / A polícia foi avisada por um informante.

storked *adj Amer* grávida. *Jessica is storked again.* / A Jessica está grávida de novo.

straight *adj* heterossexual, espada. *Michael has a lot of gay friends, but I think he's straight.* / O Michael tem um monte de amigos gays, mas eu acho que ele é espada.

streak *s* repetição, onda, sucessão de algo. *The team's in a winning streak! They've won ten games on a row.* / O time está numa sucessão de vitórias. Eles ganharam dez jogos seguidos.

street cred (derivação de *street credibility*) *s* credibilidade, respeito ou estilo das ruas. *You've got to have street cred to hang out with those guys.* / Você tem que ter o estilo das ruas para andar com esses caras.

street smart *adj* esperto, vivo, ativo, ligado, ligeiro (com relação à vida agitada e perigosa das ruas nas cidades grandes). *You have to be pretty street smart to live in Manhattan.* / Você tem que ser ligeiro para morar em Manhattan.

streetwalker *s* prostituta. *The tourist part of town is full of streetwalkers.* / A parte turística da cidade está cheia de prostitutas.

stretch *s* **1** tempo, período, momento, época. *I lived in Europe for a stretch.* / Eu morei na Europa por um tempo. **2** trecho de jornada, estrada ou viagem. *There are a lot of pot holes on this stretch of the highway.* / Há muitos buracos neste trecho da rodovia.

stretch limo / stretch limosine *s* limusine (grande e comprida). *The actor arrived in a stretch limo.* / O ator chegou numa limusine.

stripper *s* dançarina erótica, *stripper*. *Brenda used to work as a stripper in a bar.* / A Brenda trabalhava como *stripper* num bar.

strung out *adj* **1** drogado, chapado, doidão. *He was strung out on heroin.* / Ele estava doidão sob efeito de heroína. **2** cansado, esgotado, exausto, só o pó. *The kids are strung out after a day of playing on the beach.* / As crianças estão exaustas depois de brincarem o dia inteiro na praia.

stuck-up *adj* esnobe, metido. *The party was full of those rich, stuck-up types.* / A festa estava cheia de gente rica e metida.

stud *s* homem sexualmente atraente, garanhão. *Sam is the office stud. He's dated almost every secretary in the building!* / O Sam é o garanhão do escritório. Ele já namorou quase todas as secretárias do prédio.

stunner s mulher atraente, gata. *The new teacher is a real stunner, don't you think?* / A nova professora é uma gata, você não acha?

sub s 1 (abreviação de *substitute*) substituto. *The teacher is sick, so we have a sub today.* / A professora está doente, então nós vamos ter uma substituta hoje. 2 (abreviação de *submarine*) submarino. *We saw a sub at the port.* / Nós vimos um submarino no porto. • v (abreviação de *substitute*) substituir, ficar no lugar, cobrir alguém. *I can't go to work tomorrow. Can you sub for me?* / Eu não posso ir trabalhar amanhã. Você pode me substituir?

sub / submarine s sanduíche grande e com muitos ingredientes, sanduíche de metro. *We had a sub for lunch.* / Nós comemos um sanduíche de metro no almoço.

suck s *Can* chorão, bunda-mole. *Don't be such a suck! I wasn't going to hit you!* / Não seja chorão! Eu não ia te bater!

suck face v beijar prolongadamente, dar um amasso. *They were sucking face on the backseat.* / Eles estavam dando um amasso no banco de trás do carro.

suck v ser muito ruim, uma droga, uma porcaria etc. *His latest film sucks.* / O último filme dele é uma porcaria. *I suck at math, but I'm pretty good in history.* / Eu sou muito ruim em matemática, mas sou muito bom em história.

sucker s pessoa fácil de enganar, trouxa, otário. *This isn't real gold! Do you take me for a sucker?* / Isto não é ouro legítimo! Você acha que sou otário?

suds s cerveja, breja. *How about some suds, guys?* / Que tal umas brejas, galera?

sugar daddy s homem rico que sustenta mulher muito mais jovem. *She's looking for a sugar daddy.* / Ela está procurando um homem rico para sustentá-la.

sugarcoat v apresentar algo desagradável de forma mais palatável, disfarçar, mascarar, maquiar algo. *Government is trying to sugarcoat the situation, but it's pretty clear that we're heading into a recession.* / O governo está tentando maquiar a situação, mas está bem claro que nós estamos entrando numa recessão.

suit s *pej* executivo, supervisor, chefão. *The project was cancelled by the suits upstairs.* / O projeto foi cancelado pelos chefões da diretoria.

Sun Belt s região sul dos Estados Unidos onde o clima é geralmente bastante quente. *A lot of Canadians have houses in the Sun Belt.* / Muitos canadenses têm casas no sul dos Estados Unidos.

Sunday best s melhores roupas, roupas chiques. *Where are you going in your Sunday best?* / Aonde você vai com essa roupa chique?

Sunday driver *s* motorista lerdo, domingueiro. *Move over, you Sunday driver!* / Sai da frente, seu domingueiro!

sunnies *s* óculos de sol, óculos escuros. *I can't drive without sunnies.* / Eu não consigo dirigir sem óculos de sol.

sunny-side up *adj* termo usado para se referir ao modo de preparo de um ovo frito apenas de um lado e com a gema inteira voltada para cima. *'How do you want your eggs?' 'Sunny-side up, please.'* / 'Como você prefere os ovos?' 'Fritos e com a gema inteira, por favor.'

super (abreviação de *superintendent*) *s Amer* pessoa responsável pela limpeza de um prédio, zelador. *Just leave the package with the super if I'm not home.* / Deixe o pacote com o zelador se eu não estiver em casa. • *adj* ótimo, excelente, da hora, incrível, animal. *Thanks for the dinner. It was super!* / Obrigado pelo jantar. Estava excelente!

supey / **supie** *V soopy*.

sure thing *s* alguém ou algo que é absolutamente confiável, certo ou que funciona, firmeza, batata, tiro e queda. *It's a sure thing! You can't go wrong!* / É batata! Não tem como você errar!

surefire *adj* infalível, cem por cento, firmeza. *That's a surefire plan!* / Esse plano é infalível!

surf *v* navegar, surfar (na internet). *He's up every night surfing the net!* / Ele fica acordado todas as noites surfando na internet!

suss / **suss out** *v Brit* descobrir, entender, sacar. *She sussed out his lies pretty quickly.* / Ela descobriu as mentiras dele bem rápido.

suss *adj Brit* (derivação de *suspicious*) suspeito. *I don't know what's going on. It's a bit suss.* / Eu não sei o que está pegando. Isso está meio suspeito.

sussed *adj Brit* esperto, ligado, bem informado. *He's well sussed about the rap scene.* / Ele é bem informado sobre o movimento *rap*.

SUV (acrônimo de *sport utility vehicle*) *s* veículo utilitário esportivo, perua utilitária 4 x 4 de luxo. *We've bought a new SUV.* / Nós compramos uma nova perua 4 x 4.

swallow *v* acreditar, cair em algo, engolir algo. *Try another excuse. No one is going to swallow that!* / Tente outra desculpa. Ninguém vai cair nessa!

swamped *adj* muito ocupado, atolado em serviço. *Sorry, but I can't talk to you right now. I'm swamped!* / Desculpe, mas eu não posso conversar com você agora. Eu estou atolado em serviço!

swanky *adj* elegante, fino, chique. *It was a very swanky party!* / Foi uma festa muito chique!

sweat *v* preocupar-se com algo. *Don't sweat it! Everything will* *be all right!* / Não se preocupe com isso! Tudo vai dar certo!

sweet *adj* ótimo, excelente, da hora, incrível, animal. *Andrew just bought a sweet place on the beach.* / O Andrew comprou uma casa excelente na praia.

sweetheart / **sweetie** *s* termo carinhoso usado entre pessoas íntimas, benzinho, amorzinho, coração etc. *Look, sweetheart, why don't we talk about it later?* / Olha, benzinho, por que a gente não fala sobre isso depois?

swell *adj* ótimo, excelente, da hora, incrível, animal. *That party was swell!* / A festa estava incrível!

swift *adj* inteligente, esperto, ligeiro. *Jimmy is not that swift.* / O Jimmy não é tão esperto.

swig *s* gole (de bebida). *Here, take a swig of this!* / Aí, toma um gole disso! *v* beber (em grandes goles e às pressas). *What is that you're swigging? Whisky?* / O que é isso que você está bebendo? Uísque?

swimmingly *adv* bem, maravilhosamente, de vento em popa. *Business is going swimmingly now.* / Os negócios estão indo de vento em popa agora.

swing *v* **1** completar, terminar, realizar algo. *I think I can swing it by Friday.* / Eu acho que consigo terminar isso até sexta-feira. **2** participar de sexo grupal ou fazer troca de casais. *They're into swinging.* / Eles gostam de fazer troca de casais.

swot *s Brit* estudante assíduo, CDF. *Of course you got a good mark. You're a swot!* / Claro que você tirou uma nota boa. Você é um CDF! • *v Brit* estudar muito antes de uma prova, rachar de estudar. *You won't pass, unless you start swotting.* / Você não vai passar, a menos que comece a rachar de estudar.

syrupy *adj* sentimental demais, meloso. *I hate syrupy music.* / Eu detesto música melosa.

SYSOP (derivação de *system operator*) *s* operador de sistema, moderador. *If you have any problems logging on, just contact our SYSOP.* / Se você tiver qualquer problema de conexão, é só entrar em contato com o nosso operador de sistema.

t

ta (derivação de *thanks*) *interj Brit* obrigado, valeu, falou. *'Here's your tea!' 'Ta!'* / 'Aqui está o seu chá!' 'Valeu!'

tab *s* conta (geralmente em bar ou restaurante, que é paga no final do mês). *Put the drinks on my tab.* / Coloque as bebidas na minha conta.

tacky *adj* de mau gosto, vulgar, brega, cafona. *Where did you get that tacky shirt?* / Onde você arrumou essa camisa brega?

tad *s* pequena quantidade, pouquinho, tiquinho. *How about a tad more whisky?* / Que tal um pouquinho mais de uísque?

taffy *s Brit pej* galês (pessoa). *The place is packed with taffies.* / O lugar está repleto de galeses.

tag *v* grafitar, pichar. *They tagged the school wall again.* / Eles picharam o muro da escola novamente.

tailgate *v* dirigir muito perto da traseira do carro à frente, dirigir colado na traseira de alguém. *Careful! You've got some idiot tailgating you!* / Cuidado! Tem um idiota colado na sua traseira!

tails *s* traje a rigor (paletó preto com lapelas de seda e calças da mesma cor), *smoking*. *I'll have to rent tails for the ceremony.* / Eu vou ter que alugar um *smoking* para a cerimônia.

take it easy *interj* vá com calma, pega leve. *Take it easy or you'll break it!* / Vá com calma ou você vai quebrar isso!

take *s* quantia de dinheiro ganho, receita, renda. *What was the take today?* / Qual foi a renda hoje?

takeaway / **take-away** *s Brit* **1** comida, prato ou refeição para viagem. *How about some Japanese take-away for lunch?* / Que tal comida japonesa para viagem no almoço? **2** restaurante que serve refeição para viagem. *They've opened a take-away just down the road.* / Eles abriram um restaurante para viagem no final da rua.

takeout *s* comida, prato ou refeição para viagem. *How about Chinese takeout for dinner?* / Que tal comida chinesa para viagem no jantar?

talent *s Brit* pessoa bonita ou sexualmente atraente. *There's not much talent at the bar tonight.* / Não tem muita mulher bonita no bar hoje.

talking head *s* comentarista de TV ou rádio. *He's a frequent talking head on CNN.* / Ele é um comentarista frequente na CNN.

tall tale *s* história mirabolante. *He's always telling tall tales about his youth.* / Ele está sempre contando histórias mirabolantes sobre a juventude dele.

tank *s* cadeia ou cela de cadeia. *Adam spent the night in the tank for disturbing the peace.* / O Adam passou a noite na cadeia por perturbar a ordem. • *v* cair, despencar (mercado financeiro). *Anna lost a fortune when the stock market tanked.* / A Anna perdeu uma fortuna quando o mercado financeiro despencou.

tanked *adj* bêbado, chapado, trincado. *Don't come home tanked again tonight!* / Não chegue em casa bêbado de novo hoje à noite!

tard (abreviação de *retard*) *s pej* retardado, débil mental, burro. *Of course I'm joking! Don't be such a tard!* / É claro que eu estou brincando! Não seja burro!

tart fuel *s Brit* refrigerante alcoólico (à base de frutas, geralmente consumido por mulheres). *Kylie got sloshed after a few bottles of tart fuel.* / A Kylie ficou bêbada depois de umas garrafas de refrigerante alcoólico.

tart *V jam* tart.

tash (derivação de *moustache*) *s Brit* bigode. *He has this horrible tash!* / Ele tem um bigode horrível!

ta-ta / ta ta *interj* tchau, até logo. *Ta ta! See you tomorrow!* / Tchau! Até amanhã!

ta-ta's *s* seios, peitos. *Janet's got an amazing pair of ta-ta's!* / A Janet tem um belo par de seios!

tater (derivação de *potatoes*) *s* batata. *How about another tater?* / Que tal mais uma batata?

tax *v Brit* assaltar, roubar alguém (geralmente em público e com violência). *Tom got taxed as he was leaving the pub last night.* / O Tom foi assaltado assim que saiu do bar ontem à noite.

tea leaf *s Brit* (rima com *thief*) ladrão. *Police haven't found the tea leaf that stole my car yet.* / A polícia não encontrou ainda o ladrão que roubou o meu carro.

tearjerker / tear-jerker *s* filme, programa de TV, peça, música etc. muito sentimental, meloso ou piegas. *The movie is real tear-jerker.* / O filme é muito meloso.

technicolor yawn *s* vômito. *Gross! There's technicolor yawn all over the place!* / Que nojo! Tem vômito espalhado por todo lado!

techno (derivação de *electronic music*) s música eletrônica. *Jake is into techno.* / O Jake gosta de música eletrônica.

teeny / **teeny weeny** *adj* muito pequeno, pequenininho. *I'll have a teeny weeny piece of cake.* / Eu vou aceitar um pedaço bem pequenininho de bolo.

telly *Brit* (derivação de *television*) s televisão, TV. *Anything good on the telly tonight?* / Alguma coisa que presta na TV hoje à noite?

ten spot s nota de 10 libras, euros ou dólares, 10 pratas. *Here's the ten spot I owe you.* / Aqui estão as dez pratas que eu te devo.

tenner V *ten spot.*

TGIF (acrônimo de *thank God it's Friday*) expressão usada na sexta-feira para comemorar a chegada do final de semana. *It's almost quitting time! TGIF!* / É quase final de expediente! Graças a Deus, o final de semana chegou!

thang (derivação de *thing*) s *Amer* coisa, negócio, troço, treco. *What do you call this thang here?* / Como se chama esse treco aqui?

thick *adj* idiota, imbecil, babaca, tonto. *Are you thick? Can't you see she doesn't like you?* / Você é tonto? Não vê que ela não gosta de você?

thicko *adj Brit* idiota, imbecil, babaca, tonto. *How many times do I have to explain this to you, thicko?* / Quantas vezes eu tenho que te explicar isso, seu tonto?

thing s interesse, preferência, praia de alguém. *Hip hop is not my thing.* / *Hip hop* não é a minha praia.

thingamabob / **thingamajig** s palavra usada para se referir a algo cujo nome não se lembra ou não se sabe, coisa, negócio, troço, treco. *You know that thingamabob that goes under the alternator?* / Você sabe aquele negócio que vai embaixo do alternador?

thingo / **thingy** V *thingamabob* / *thingamajig.*

thou (abreviação de *thousand*) s mil. *He's asking 2 thou for the car.* / Ele está pedindo 2 mil no carro.

threads s roupa, conjunto de roupas. *It's a formal party, so wear some decent threads.* / É uma festa formal, então vista uma roupa decente.

threesome / **three-way** s *ménage a trois*, sexo envolvendo três pessoas, programa a três. *She does a three-way in the film.* / Ela faz um *ménage a trois* no filme.

throne s vaso sanitário, trono. *Get off the throne! Other people need to use the bathroom!* / Saia do trono! Outras pessoas precisam usar o banheiro!

throw s tentativa, vez. *One more throw?* / Mais uma vez? • v confundir alguém, deixar alguém zonzo. *All those questions really threw me.* / Todas aquelas perguntas realmente me confundiram.

thumb *v* pedir ou viajar de carona. *Sam thumbed his way across Europe.* / O Sam viajou pela Europa de carona.

tick *s* minuto, segundo. *I'll be back in a tick! Stay right here!* / Eu volto num segundo! Fique aqui!

ticker *s* **1** coração. *Cholesterol is bad for your ticker.* / Colesterol é ruim para o seu coração. **2** relógio de pulso. *Where did you buy the ticker?* / Onde você comprou esse relógio?

tickety-boo *adj* ótimo, tranquilo. *'How are things at the office?' 'Everything's just tickety-boo!'* / 'Como andam as coisas no escritório?' 'Tudo tranquilo!'

tiddley / **tiddly** *adj* um pouco bêbado, alterado, alegre etc. *That wine left me a little tiddly.* / Esse vinho me deixou um pouco alegre.

tie-in *s* conexão, contato. *Who's your tie-in with the company?* / Quem é o seu contato na empresa?

tight *adj* **1** muito amigo, íntimo, chegado. *I'm pretty tight with Mike. We went to school together.* / Eu sou muito chegado ao Mike. Nós estudamos juntos. **2** bêbado, chapado, trincado. *Try not to get tight like last year!* / Tente não ficar chapado como no ano passado!

tightass / **tight-ass** *s vulg* **1** pessoa muito tensa ou nervosa, cricri, enjoado, chato. *Better hurry! He's such a tight-ass over arriving late.* / É melhor a gente se apressar! Ele é muito chato com esse negócio de chegar atrasado. **2** pessoa muito formal, reservada, séria etc. *Your father is a real tight-ass. Doesn't he ever laugh?* / O seu pai é um cara muito sério. Ele nunca ri? **3** miserável, sovina, pão-duro, mão de vaca. *Don't be such a tight-ass! Leave a decent tip!* / Não seja mão de vaca! Deixe uma gorjeta decente!

tin cow *s* leite em pó. *Pick up some tin cow for the kids.* / Pegue leite em pó para as crianças.

tinnie (derivação de *tin of beer*) *s Austr* lata de cerveja. *Can you pass that tinnie, mate?* / Você me passa essa lata de cerveja, mano?

Tinseltown *s* apelido usado para a cidade de Hollywood, na Califórnia. *He's made a lot of money in Tinseltown.* / Ele ganhou muito dinheiro em Hollywood.

tints *s* óculos de sol, *Ray-Ban. I've bought a new pair of tints.* / Eu comprei um *Ray-Ban* novo.

tipsy *adj* um pouco bêbado, alterado, alegre etc. *Everyone was a little tipsy at the party.* / Todo mundo estava meio alterado na festa.

tit *s* **1** seio, peito. *Nice tits, don't you think?* / Belos seios, você não acha? **2** idiota, imbecil, babaca, tonto. *Is she still going out with that tit?* / Ela ainda está saindo com aquele babaca?

tits up *adv vulg* **1** de ponta-cabeça, na maior zona. *The boss is away*

titty *and things are tits up at the office.* / O chefe está viajando e as coisas estão na maior zona no escritório. **2** falido (empresa, organização). *The company went tits up last year.* / A empresa foi à falência no ano passado.

titty *s* seio, peito. *Check out her titties.* / Se liga nos peitos dela!

tizzy *s* estado de nervo ou pânico. *She got into a tizzy when she heard the news.* / Ela entrou em pânico quando recebeu a notícia.

to go *adv* embrulhado para viagem. *A hamburger and a Coke to go, please!* / Um hambúrguer e uma Coca para viagem, por favor!

toast *s* alguém ou algo condenado ou prestes a ser destruído, homem morto, mulher morta. *If the boss finds out you left early, you're toast!* / Se o chefe descobrir que você foi embora cedo, você é um homem morto!

to-do *s* comoção, agitação, barulho. *They made a big to-do over my birthday.* / Eles fizeram a maior agitação por causa do meu aniversário.

toe-jam / **toejam** *s* sujeira que se acumula entre os dedos do pé, frieira, pé de atleta. *Oh, gross! You've got toejam!* / Ah, que nojo! Você tem frieira!

together *adj* organizado, tranquilo, de bem com a vida. *Stephen is really together.* / O Stephen está de bem com a vida.

togger / **toggers** *s Brit* futebol. *We usually play some togger after school.* / A gente geralmente joga um pouco de futebol depois da aula.

toke *s* trago de baseado (maconha). *Do you want a toke?* / Você quer um trago?

Tom and Dick *adj Brit* (rima com *sick*) doente. *He's a bit Tom and Dick.* / Ele está meio doente.

Tom, Dick and Harry *s* qualquer pessoa, qualquer um. *Any Tom, Dick and Harry can understand what's going on!* / Qualquer um pode entender o que está acontecendo!

tommy (derivação de *tomato*) *s Brit* tomate. *Do you like tommy in your salad?* / Você gosta de tomate na salada?

tommy K (derivação de *tomato Ketchup*) *s Brit* ketchup. *We need to buy more tommy K.* / A gente precisa comprar mais *ketchup*.

tommy sauce *s Brit* molho de tomate. *Want more tommy sauce?* / Quer mais molho de tomate?

ton *s* quantidade muito grande, tonelada, uma pá. *I get tons of e-mails every day.* / Eu recebo toneladas de e-mails todos os dias.

too right *interj Brit* concordo, perfeito, você disse tudo. *'We deserve a pay rise!' 'Too right!'* / 'A gente merece um aumento de salário!' 'Você disse tudo!'

tool *s* **1** idiota, imbecil, babaca, tonto. *The tool forgot his password again!* / O idiota esqueceu a senha de novo! **2** *vulg* pênis, pinto, pau. *He shows his tool in the film.* / Ele mostra o pinto no filme.

toonie *s Can* moeda de dois dólares canadenses. *Can you lend me a toonie for the bus?* / Você me empresta 2 dólares para o ônibus?

toosh *s Amer* nádegas, bunda, traseiro. *Get off your toosh and do something!* / Levanta essa bunda do lugar e faça alguma coisa!

tootsie / **tootsy** *s* pé. *Get your tootsies off the sofa!* / Tire os pés do sofá!

top *v* **1** superar, ultrapassar, fazer melhor. *Can you top that?* / Você consegue fazer melhor que isso? **2** *Brit* matar, apagar alguém. *They were out to top Ben.* / Eles estavam à procura do Ben para apagá-lo. • *adj* **1** melhor. *He's one of the country's top athletes.* / Ele é um dos melhores atletas do país. **2** ótimo, excelente, da hora, incrível, animal. *The lunch was top.* / O almoço estava ótimo.

topsy-turvy *adj* caótico, bagunçado, complicado, de cabeça para baixo. *The situation is topsy-turvy at the moment.* / A situação está complicada no momento.

toss / **toss off** *v Brit vulg* masturbar-se, bater punheta. *Are you going to come to the party or stay at home tossing off?* / Você vai à festa ou vai ficar em casa batendo punheta?

toss *s Brit* lixo, besteira, porcaria. *The film was toss!* / O filme foi uma porcaria! • *v* jogar fora. *You can toss that. It's broken.* / Pode jogar isso fora. Está quebrado.

tosser *s Brit vulg* idiota, imbecil, babaca, tonto. *My boss is a real tosser!* / O meu chefe é um verdadeiro idiota!

tosspot / **toss-pot** *s Brit* **1** bêbado, bebum, cachaceiro, pé de cana. *You'll end up a tosspot if you keep drinking like that!* / Você vai virar um bebum, se continuar bebendo desse jeito! **2** idiota, imbecil, babaca, tonto. *The tosspot lost the keys!* / O idiota perdeu as chaves!

toss-up *s* situação indefinida, incógnita. *No one knows what will happen now. It's a toss-up.* / Ninguém sabe o que vai acontecer agora. É uma incógnita.

total *v* destruir completamente, dar perda total. *He totalled his car.* / Ele bateu o carro e deu perda total.

totalled *adj* **1** completamente destruído, acabado, detonado, perda total. *The car is totalled, but the insurance company will replace it.* / O carro deu perda total, mas o seguro vai dar outro. **2** bêbado, chapado, trincado. *Josh was totalled when he got home.* / O Josh estava trincado quando chegou em casa.

tote (derivação de *teetotal* ou *tetotaller*) *s* abstêmio, pessoa que não consome bebida alcoólica. *Do you want a beer, or are you still a tote?* / Você quer uma cerveja, ou você ainda é abstêmio?

totty *s Brit* pessoa bonita ou sexu-

touch base *v* entrar em contato ou consultar alguém. *I'll touch base with you if anything comes up.* / Eu vou entrar em contato com você se surgir alguma coisa.

touchy-feely *adj* **1** termo usado para se referir a uma pessoa que toca excessivamente as outras pessoas enquanto fala. *I hate those touchy-feely people who can't talk without hanging onto your arm.* / Eu odeio aquelas pessoas que ficam te tocando e que não conseguem conversar sem se pendurar no seu braço. **2** *pej* supersensível, emocional, sentimental, delicado. *The place is a retreat for touchy-feely types who want to discover their inner self.* / O lugar é um retiro para aquelas pessoas supersensíveis que querem descobrir o seu "eu" interior.

tough / tough shit *interj vulg* azar o seu, problema seu, se vira. *'I have a wedding tomorrow.' 'Tough shit! I need you here at the office.'* / 'Eu tenho um casamento para ir amanhã.' 'Problema seu! Eu preciso de você aqui no escritório.'

tough break *s* azar. *He got a tough break when he lost his job.* / Ele deu azar quando perdeu o emprego.

tough cookie *s* pessoa forte ou independente, durão. *He won't give up that easily. He's one tough cookie.* / Ele não vai desistir tão facilmente. Ele é durão.

tough guy *s* pessoa corajosa ou muito forte, machão, valentão (muitas vezes usado em tom sarcástico). *Come here, tough guy, and I'll kick your ass!* / Venha aqui, valentão, para eu te dar umas porradas!

tough titty *interj vulg* azar o seu, problema seu, se vira. *'I can't fix this thing!' 'Tough titty! You broke it!'* / 'Eu não consigo consertar isso!' 'Se vira! Foi você que quebrou!'

townie *s* residente local (cidade). *The townies don't like the tourists so much.* / Os residentes locais não gostam muito de turistas.

TP *s* (acrônimo de *toilet paper*) papel higiênico. *There's no TP in the loo.* / Não tem papel higiênico no banheiro.

trainspotter *s Brit* pessoa inteligente, porém chata, aloprado. *It's amazing how he can identify each and every song the DJ plays. The guy is a real trainspotter!* / É incrível como ele consegue identificar cada música que o DJ toca. O cara realmente é um aloprado!

trakky (derivação de *tracksuit*) *s Brit* agasalho ou uniforme de treino. *Can you lend me your trakky? I forgot to bring mine.* / Você me empresta o seu uniforme? Eu esqueci de trazer o meu.

tranks (derivação de *tranquilizers*) *s Brit* tranquilizantes. *She* *needs to take tranks to sleep.* / Ela precisa tomar tranquilizantes para dormir.

trannie / tranny *s pej* **1** transexual ou travesti. *No one would say she is a tranny!* / Ninguém diria que ela é um travesti! **2** transmissão (automóvel). *How much does he charge to replace the tranny?* / Quanto ele cobra para trocar a transmissão?

trap *s* boca. *Will you shut your trap?* / Dá pra você calar a boca?

trash mouth *s* pessoa que fala palavrão, boca-suja. *I'll wash your mouth with soap, you trash mouth!* / Eu vou lavar sua boca com sabão, seu boca-suja!

trash *s* **1** *pej* pessoa de baixo nível, gentalha. *You should see the trash that shops here.* / Você deveria ver a gentalha que vem fazer compra aqui. **2** lugar no computador para onde se enviam os arquivos para serem deletados posteriormente, lixeira. *Just send the files to the trash when you've finished reading them.* / É só enviar os arquivos para a lixeira, depois que você terminar de lê-los. • *v* **1** desarrumar, bagunçar, sujar algo. *The kids trashed the whole house.* / As crianças bagunçaram a casa toda. **2** jogar fora, mandar para o lixo. *I couldn't fix the blender so I trashed it.* / Eu não consegui consertar o liquidificador, então eu o joguei fora. **3** criticar severamente, meter o pau, descer a lenha em alguém ou algo. *The critics trashed his last film.* / Os críticos desceram a lenha no último filme dele. **4** *Amer* derrotar por muitos gols ou muitos pontos, vencer, golear. *The Mexican team trashed the Peruvian team 7-0.* / O time mexicano goleou o time peruano por 7 a 0.

trashy *adj* de má qualidade ou mau gosto, brega, *trash* (filme, programa de TV, livro etc.). *I love those trashy sci-fi movies.* / Eu adoro aqueles filmes *trash* de ficção científica.

tree hugger *s* pessoa envolvida com movimentos ambientalistas, ativista ecológico, amante da natureza. *If the tree huggers get their way, we'll all have to give up our cars!* / Se os ativistas ecológicos conseguirem o que querem, nós teremos que dar adeus aos nossos carros!

tree-suit *s Amer* caixão, paletó de madeira. *Pay up or you'll end up in a tree-suit!* / Pague o que deve ou você vai acabar num paletó de madeira!

trick *s* **1** ato de prostituição, programa. *She does two or three tricks a night.* / Ela faz dois ou três programas por noite. **2** cliente de prostituta. *The prostitute brought her trick into the hotel.* / A prostituta levou o cliente para o hotel. • *adj* elegante, refinado, chique. *That dress is so trick!* / Esse vestido é muito chique!

trigger *s* assassino profissional, matador de aluguel. *They sent a trigger to kill him.* / Eles mandaram um matador de aluguel para apagá-lo.

trip *s* **1** experiência alucinógena, viagem (drogas). *The idea for the album cover came to him during an acid trip.* / A ideia para a capa do álbum lhe surgiu durante uma viagem com LSD. **2** interesse, paixão, moda passageira. *Jack's current trip is antique cars.* / A paixão atual do Jack é por carros antigos. • *v* usar drogas alucinógenas, viajar, ficar doidão. *He was tripping on acid.* / Ele estava doidão sob efeito do LSD.

troll *s* **1** *pej* mulher feia, mocreia, baranga, tribufu, canhão, bruaca, jaburu. *There was nothing but trolls at the party.* / Só tinha tribufu na festa. **2** pessoa que entra em fóruns eletrônicos ou sites de bate-papo para ofender e perturbar os outros, baderneiro. *It was a nice discussion before the trolls turned it into an insult match.* / A discussão estava legal até os baderneiros a transformarem numa competição de insultos.

trots *s* (com o artigo *the*) diarreia, cocô mole. *I can't eat that stuff. It gives me the trots.* / Eu não posso comer esse negócio. Isso me dá diarreia.

trouble and strife *s Brit* (rima com *wife*) esposa, mulher. *Frank has to take the trouble and strife to her mother's tonight.* / O Frank tem que levar a esposa dele na casa da mãe dela hoje à noite.

trouser snake *s vulg* pênis, pinto, pau. *He hurt his trouser snake on the barbed wire fence.* / Ele machucou o pinto na cerca de arame farpado.

trout *s pej* mulher feia, mocreia, baranga, tribufu, canhão, bruaca, jaburu. *Are you still seeing that trout?* / Você ainda está saindo com aquela mocreia?

tube *s* **1** (com o artigo *the*) televisão, TV. *What's on the tube?* / O que está passando na TV? **2** *Brit* metrô. *Let's go by tube.* / Vamos de metrô. **3** *Austr* lata de cerveja. *Can you get me another tube from the fridge?* / Você pode pegar mais uma lata de cerveja na geladeira? • *v* fracassar, ir por água abaixo. *Our plan to move to Los Angeles tubed.* / Nosso plano de mudar para Los Angeles foi por água abaixo.

tube steak *s* salsicha, cachorro-quente. *We had a tube steak and a beer at the stadium.* / Nós comemos um cachorro-quente e tomamos uma cerveja no estádio.

tude (derivação de *attitude*) *s Amer* atitude, jeito. *I don't like his tude!* / Eu não gosto do jeito dele!

tune *s* canção, música. *Turn the volume up! I really like that tune!* / Aumenta o volume! Eu gosto dessa música pra caramba!

turd *s vulg* **1** fezes, cocô, merda, troço. *Disgusting! Someone left a turd in the toilet!* / Que nojo! Alguém deixou um troço na privada! **2** idiota, imbecil, babaca, merda. *Is Mary still going out with that turd?* / A Mary ainda está saindo com aquele merda?

turd burglar *s pej* homossexual (homem), gay, veado, bicha, boiola. *I had no idea Robert was* a turd burgler! / Eu não fazia ideia de que o Robert era veado!

turf s área controlada por um indivíduo ou grupo, território. *Gangs are fighting over turf.* / As gangues estão brigando por território.

turista s diarreia (que se contrai em viagens). *The water will give you turista.* / A água vai te dar diarreia.

turkey s fracasso (filme, peça, livro etc.). *Her first book was a turkey.* / O primeiro livro dela foi um fracasso. **2** idiota, imbecil, babaca, tonto. *Don't listen to that turkey. He doesn't know what he's talking about!* / Não dê ouvidos àquele tonto. Ele não sabe o que está falando!

turn-off s pessoa ou algo que enoja, porre, tédio, saco. *Arrogant people are a real turn-off for me.* / Pessoas arrogantes são um porre pra mim.

turn-on s pessoa ou algo que agrada muito ou atrai, tesão. *Green eyes are a real turn-on.* / Olhos verdes são realmente atraentes. *She's a real turn-on.* / Ela é um tesão.

tush V *toosh*.

tux (abreviação de *tuxedo*) s traje a rigor, consistindo de paletó preto com lapelas de seda e calças da mesma cor, *smoking*. *I'll have to rent a tux.* / Eu vou ter que alugar um *smoking*.

twat s vulg **1** vagina, boceta, pererca, xoxota. *She got paid a fortune for showing her twat in Playboy.* / Ela recebeu uma fortuna para mostrar a pererca na *Playboy*. **2** pej pessoa desprezível, cretino, safado, canalha, filho da puta. *He said that to you? What a twat!* / Ele te disse isso? Que filho da puta!

twenty-four seven / 24-7 adv vinte e quatro horas por dia e sete dias por semana, direto, sem parar. *I'm beat. We've been working 24-7 at the shop.* / Eu estou exausto. A gente está trabalhando sem parar na loja.

twerp s idiota, imbecil, babaca, tonto. *The twerp left me on hold for 20 minutes!* / O babaca me deixou esperando no telefone por 20 minutos!

twig v Brit entender, perceber, sacar. *Only then did I twig it was a joke!* / Só então eu percebi que era uma brincadeira!

twisted adj mentalmente perturbado, pervertido, louco, doente. *You like being tied up? Man, are you ever twisted?* / Você gosta de ficar amarrado? Cara, você é doente?

twisting s Brit repreensão, dura, bronca. *He got a twisting from the teacher for arriving late.* / Ele levou uma bronca da professora por chegar atrasado.

twit s idiota, imbecil, babaca, tonto. *Don't be a twit! Go talk to her!* / Não seja tonto! Vai falar com ela!

two-four s Can caixa com 24 cervejas. *Let's pick up a two-four*

two-time

for the party. / Vamos comprar uma caixa com 24 cervejas para a festa.

two-time *v* trair, sair com outra pessoa, chifrar. *I think she's two-timing me, but I'm not sure.* / Eu acho que ela está me traindo, mas eu não tenho certeza.

u

uber- *pref* super-, mega-, hiper- etc. *That house belongs to an uber-rockstar from the 80's.* / Essa casa pertence a um mega--astro do rock dos anos 80.

umpteen *s* mil, muito, inúmeros. *I've asked you umpteen times not to put your feet on the sofa!* / Eu já te pedi inúmeras vezes para não colocar os pés no sofá!

Uncle Sam *s* personificação dos Estados Unidos, Tio Sam. *Venezuela was one of the few countries to face up to Uncle Sam.* / A Venezuela foi um dos poucos países a desafiar o Tio Sam.

Uncle Tom Cobley and all *s Brit* todo mundo. *I suppose uncle Tom Cobley and all will be at the wedding.* / Eu imagino que todo mundo vai estar no casamento.

uncool *adj* monótono, enfadonho, chato. *This place is so uncool!* / Este lugar é muito chato!

undies *s* roupa de baixo, calcinha ou cueca. *I saw her in her undies.* / Eu a vi só de calcinha.

unhinged *adj* mentalmente perturbado, maluco, doido, pirado. *He's totally unhinged!* / Ele está totalmente pirado!

uni (abreviação de *university*) *s* universidade, faculdade. *So, what uni did you go to?* / E aí, em que faculdade você estudou?

unlax (derivação de *unwind* e *relax*) *v* relaxar, descansar. *Nothing like a cold beer after work to unlax!* / Nada como uma cerveja gelada depois do expediente para relaxar!

unreal *adj* ótimo, excelente, da hora, incrível, animal. *His new movie is unreal!* / O novo filme dele é animal!

up *adj* alegre, animado, motivado. *Everyone is pretty up today.* / Todo mundo está bem animado hoje.

up yours *interj vulg* vá pro inferno, vá tomar no cu. *You don't like what I'm saying? Well, up yours!* / Você não está gostando do que eu estou dizendo? Então, vá tomar no cu!

upbeat *adj* alegre, animado, motivado. *Put on a more upbeat CD so we can dance.* / Coloque um CD mais animado pra gente dançar.

upchuck *v* vomitar. *The dog upchucked on the carpet!* / O cachorro vomitou no carpete!

upper *s* **1** anfetamina, estimulante. *He takes uppers so he can stay awake to study for the exams.* / Ele toma estimulantes para poder ficar acordado e estudar para as provas. **2** uma experiência emocionante ou muito alegre. *Visiting the Vatican was definitely an upper during our trip to Europe.* / A visita ao Vaticano foi definitivamente uma experiência emocionante durante a nossa viagem à Europa.

upside *s* lado positivo, lado bom. *The upside of losing your job is that you can sleep in.* / O lado bom de perder o emprego é que você pode dormir até mais tarde.

uptight *adj* **1** muito tenso, nervoso, estressado. *He gets uptight if he doesn't get his own way.* / Ele fica muito estressado se as coisas não saem do jeito dele. **2** conservador, formal, rígido. *We couldn't talk about sex at home. Our parents were pretty uptight.* / A gente não podia falar sobre sexo em casa. Os nossos pais eram muito conservadores.

use *v* (geralmente usado com *can* ou *could*) gostar, apreciar. *I sure could use an ice-cold beer right now.* / Eu gostaria de beber uma cerveja bem gelada agora.

UVs *s* (acrônimo de *ultraviolet rays*) raios ultravioleta, raios de sol, sol. *I went to the beach to soak up some UVs.* / Eu fui para a praia pra pegar um sol.

V

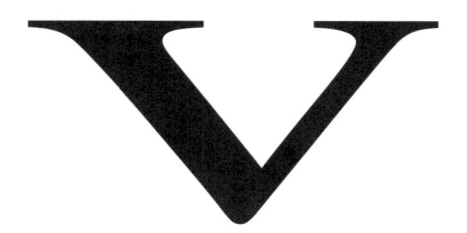

vac (abreviação de *vacuum cleaner*) s aspirador de pó. *I bought a new vac.* / Eu comprei um novo aspirador de pó. • v limpar com aspirador de pó, passar aspirador. *Can you vac the living room?* / Você pode passar aspirador na sala de estar?

vadge *Brit vulg* (derivação de *vagina*) s vagina, boceta, perereca, xoxota. *She got paid a fortune to show her vadge in a girly magazine.* / Ela ganhou uma fortuna para mostrar a xoxota em uma revista masculina.

vage V *vadge*.

vanilla *adj* convencional, comum, básico. *It's your basic vanilla stereo, without all the extra buttons.* / Esse é um som básico, sem todos aqueles botões extras.

V-ball (derivação de *volleyball*) s voleibol. *Feel like a game of V-ball?* / Você está a fim de uma partida de vôlei?

veep (derivação de *vice-president*) s vice-presidente. *He's the veep of the company.* / Ele é o vice-presidente da empresa.

veg out / **veg** (abreviação de *vegetate*) v ficar inativo, ficar à toa, relaxar. *I like to veg in front of the TV on weekends.* / Eu gosto de ficar à toa na frente da TV nos fins de semana.

veggie / **veggy** *s* **1** (derivação de *vegetable*) legume, verdura. *Eat your veggies or you won't get dessert!* / Coma os legumes ou você não vai ganhar sobremesa! **2** (abreviação de *vegetarian*) pessoa vegetariana. *Martha is a veggie.* / A Martha é vegetariana.

vet (abreviação de *veterinarian*) *s* **1** veterinário. *Call the vet. The dog is sick.* / Ligue para o veterinário. O cachorro está doente. **2** (abreviação de *veteran*) veterano. *He's a war vet.* / Ele é um veterano de guerra.

vibe (derivação de *vibration*) s vibração, sensação, energia. *I don't trust her. She gives off bad vibes.* / Eu não confio nela. Ela transmite uma energia negativa. *The vibe was great at the rave party.* / A vibração estava ótima na festa *rave*.

vicious *adj* ótimo, excelente, da hora, incrível, animal. *Check out this CD! It's vicious!* / Saca só este CD! Ele é animal!

vino *s* (do espanhol ou italiano) vinho. *Shall we open a bottle of vino?* / Vamos abrir uma garrafa de vinho?

VIP *s* (acrônimo de *very important person*) pessoa muito importante, pessoa VIP. *There were a lot of VIPs at the ceremony.* / Tinha várias pessoas muito importantes na cerimônia.

voddy *s Brit* (derivação de *vodka*) vodca. *Can I have some more voddy?* / Você me vê um pouco mais de vodca?

vom (abreviação de *vomit*) *s Brit* vômito. *The floor was covered in vom.* / O chão estava coberto de vômito. • *v* vomitar, chamar o Hugo. *He vommed all over the carpet.* / Ele vomitou no carpete todo.

W

wabs *s Brit vulg* seios, peitos, melões. *She's got massive wabs!* / Ela tem uns melões enormes!

wack / wacko *s* pessoa estranha, maluco, biruta, doido. *You have to be a bit of a wack to work here!* / É preciso ser meio biruta pra trabalhar aqui!

wacked / wacked out *adj* **1** cansado, exausto, só o pó. *I was wacked out when I got home last night.* / Eu estava só o pó quando cheguei em casa ontem à noite. **2** sob efeito de droga, chapado, doidão. *He's wacked out on coke.* / Ele está doidão sob o efeito de cocaína.

wacky backy *s Amer* maconha. *You kids aren't smoking wacky backy, are you?* / Aí, molecada, vocês não estão fumando maconha, né?

wad *s* muito dinheiro, uma nota preta, uma grana alta. *Dave dropped a wad on that car.* / O Dave pagou uma nota preta naquele carro.

waffle / waffle on *v* falar sem parar sobre algo sem importância, tagarelar, papaguear. *The guy waffled on for hours.* / O cara falou por horas sem parar.

wag / wag it *v Brit* cabular aula, matar aula. *Tom and Dave are wagging again!* / O Tom e o Dave estão cabulando aula de novo!

wang *s* pênis, pinto, pau. *They paid him a fortune to show his wang in a magazine.* / Eles pagaram uma fortuna para ele mostrar o pinto numa revista.

wangle *v* obter, conseguir, descolar (geralmente por meio de manipulação, trapaça ou negociação ilegal). *The show was sold out, but David managed to wangle some tickets for us.* / Não havia mais ingressos para o show, mas o David conseguiu descolar uns pra gente.

wank mag *s Brit vulg* revista masculina, revista pornô. *He must be reading wank mags in the bathroom!* / Ele deve estar lendo revistas pornôs no banheiro!

wank *s Brit vulg* **1** idiota, imbecil, babaca, tonto. *He said that*

wanker

to you? What a wank! / Ele te disse isso? Que imbecil! **2** besteira, bobagem, asneira, merda. *You wouldn't believe the load of wank I heard in the meeting!* / Você não vai acreditar no monte de merda que eu ouvi na reunião! • *v Brit vulg* masturbar-se, bater punheta. *He's been in the bathroom for an hour. He must be wanking in there!* / Ele está no banheiro há uma hora. Ele deve estar batendo punheta lá dentro!

wanker *s Brit vulg* idiota, imbecil, babaca, tonto. *Get that car out of the way, you wanker!* / Tire esse carro do caminho, seu idiota!

wanna *v* (derivação de *want to*) querer. *Do you wanna see a movie tonight?* / Você quer ver um filme hoje à noite?

wannabe *s* (derivação de *want-to-be*) pessoa iniciante, amador, aspirante. *These surfing championships are always full of wannabes looking for tips from the pros.* / Esses campeonatos de surfe estão cheios de amadores atrás de dicas dos profissionais.

war paint *s* maquiagem. *She's in the bathroom putting on war paint.* / Ela está no banheiro passando maquiagem.

warped *adj* esquisito, louco, doente. *You go to funerals for fun? Man, are you ever warped?* / Você frequenta funeral por diversão? Cara, você é doente?

wash *v* convencer, colar. *That excuse won't wash with the boss.* / Essa desculpa não vai convencer o chefe.

washboard abs *s* músculos abdominais bem definidos, barriga de tanquinho. *Check out his washboard abs! He must work out every day.* / Olha só a barriga de tanquinho dele! Ele deve malhar todos os dias.

washout *s* pessoa fracassada, fiasco, desastre. *He was an absolute washout as a singer.* / Ele era um desastre total como cantor.

waste *v* matar, apagar alguém. *In the film, he goes to jail for wasting a cop.* / No filme, ele vai para a cadeia por matar um policial.

wasted *adj* bêbado, chapado, trincado. *Sergio was too wasted to explain what'd happened.* / O Sergio estava muito chapado para explicar o que tinha acontecido.

way *adv* muito, extremamente, totalmente. *You're way wrong about her!* / Você está totalmente enganado sobre ela!

way off *adj* completamente errado, totalmente por fora. *The weather forecast was way off again.* / A previsão do tempo estava totalmente por fora de novo.

wedding tackle *s* genitália masculina, pinto, saco. *Use this to protect your wedding tackle during the game.* / Use isto para proteger o saco durante o jogo.

wedgie / **wedgy** *s* brincadeira de mau gosto na qual a cueca de alguém é puxada para cima, causando desconforto e embaraço à vítima. *He came home crying because the boys at school gave him a wedgy.* / Ele chegou em casa chorando porque os garotos da escola puxaram a calça dele para cima.

weed *s* maconha. *They took some weed to the party.* / Eles levaram maconha para a festa.

weenie *s* **1** idiota, imbecil, babaca, tonto. *Fred is such a weenie!* / O Fred é um babaca! **2** *vulg* pênis, pinto, pau. *He got his weenie caught in his zipper.* / Ele prendeu o pinto no zíper. **3** estudante assíduo, CDF. *I'll bet the weenie got 10 on the test!* / Eu aposto que o CDF tirou 10 na prova!

weeper *s* filme, romance, programa de TV etc. que é muito triste e sentimental. *The film is a real weeper!* / O filme é muito sentimental.

weirdo *s* **1** pessoa estranha, doido, maluco, biruta. *The next door neighbor is a real weirdo. He listens to opera all day in his underwear!* / O vizinho do lado é um doido varrido. Ele escuta ópera o dia inteiro só de cueca! **2** pessoa estranha e perigosa, psicopata, doente. *Police are looking for the weirdo that has been attacking women in the park.* / A polícia está atrás do psicopata que vem atacando mulheres no parque.

welcher *s* pessoa que não paga as dívidas, caloteiro. *He's owed me 10 bucks for over a year, the welcher!* / Ele me deve 10 pratas há mais de um ano, o caloteiro!

well *adv Brit* (palavra usada como intensificador) muito, demais, totalmente, completamente. *The test was well hard!* / A prova foi difícil demais!

well-hung *adj* de pênis grande, bem-dotado. *I suppose you must be pretty well-hung to be a porn actor.* / Eu suponho que você seja muito bem-dotado para ser um ator de filme pornô.

wellie / **welly** (derivação de *Wellington boots*) *s Brit* botas de borracha. *It's raining. Better put on your wellies.* / Está chovendo. É melhor você colocar suas botas de borracha.

wet one *s* cerveja gelada. *How about a wet one?* / Que tal uma cerveja gelada?

wetback *s Amer pej* mexicano (pessoa). *A lot of wetbacks work in construction in California nowadays.* / Muitos mexicanos trabalham com construção na Califórnia hoje em dia.

wetblanket *s* estraga-prazeres, desmancha-prazeres. *Don't be such a wetblanket and let the kids play in the pool!* / Não seja um estraga-prazeres e deixe as crianças brincarem na piscina!

whack off *v vulg* masturbar-se, bater punheta. *You have to stop whacking off and get a girlfriend!* / Você tem que parar de bater punheta e arranjar uma namorada!

whack *s* tentativa. *I've never tried waterskiing, but I'll give it a* *whack some day.* / Eu nunca experimentei praticar esqui aquático, mas vou fazer uma tentativa qualquer dia desses. • *v* **1** bater. *She wacked him on the head.* / Ela bateu na cabeça dele. **2** matar, apagar alguém. *They'll whack him if he doesn't pay up by Friday!* / Eles vão matá-lo, se ele não pagar tudo até sexta-feira!

whacked / whacked out *V wacked / wacked out.*

whacko *V wack / wacko.*

whale *s pej* pessoa obesa, gordo, gorducho, balofo, baleia. *Check out that whale eating a hot dog!* / Se liga naquele gorducho comendo um cachorro-quente!

wham-bang *adj* agitado, bombástico, de arrasar (festa). *It was a wham-bang party!* / Foi uma festa de arrasar!

whatchamacallit (derivação de *what you may call it*) *s* palavra usada para se referir a algo cujo nome não se sabe ou não se lembra, negócio, treco, troço. *Pass me that whatchamacallit over there.* / Me passa esse treco aí.

what-for / what for *s Brit* punição, castigo, dura, bronca, surra, porrada. *Shut up or I'll give you what for!* / Cala a boca ou eu vou te dar uma surra!

wheel man *s* motorista de carro usado para fugir depois de um assalto, piloto de fuga. *Johnny was the wheel man for the bank job.* / O Johnny foi o piloto de fuga no assalto ao banco.

wheelie / wheely *s* ato de empinar uma bicicleta ou moto equilibrando-se apenas na roda de trás, empinada. *Can you do wheelies?* / Você sabe dar empinadas?

wheels *s* carro, motocicleta. *Do you think your dad will lend you his wheels?* / Você acha que o seu pai vai te emprestar o carro?

whinge *v Brit* reclamar, resmungar, choramingar. *Quit whinging about everything! You're driving me crazy!* / Pare de reclamar de tudo! Você está me deixando louco!

whip *v Brit* roubar, passar a mão em algo. *Someone whipped my wallet on the bus.* / Alguém passou a mão na minha carteira no ônibus.

whirlybird *s* helicóptero. *He arrived by whirlybird.* / Ele chegou de helicóptero.

whistle / whistle and flute *s Brit* (rima com *suit*) terno. *Nice whistle you're wearing, mate!* / Belo terno você está usando, cara!

whitebread *adj* básico, simples, monótono. *Their music is pretty whitebread and aimed at an older, more conservative audience.* / A música deles é bem monótona e dirigida a um público mais velho e conservador.

whitey *s Amer pej* pessoa de cor branca, branquelo (termo usado pelos negros). *We don't see many whiteys in this neighborhood.* / A gente não vê muitos branquelos neste bairro.

whizz / **whiz** / **wiz** *s* pessoa que sabe muito sobre algo ou que tem talento especial para algo, gênio, craque. *You should try Tom's cooking. He's a whiz in the kitchen!* / Você deveria experimentar a comida do Tom. Ele é um craque na cozinha! • *v* urinar, fazer xixi, mijar. *Beer makes me whiz like crazy.* / Cerveja me faz mijar feito louco!

whole bunch *s* muito, muitos, um monte. *There's a whole bunch of messages in my e-mail box.* / Tem um monte de mensagens na minha caixa de e-mail.

whoopee *s* **1** celebração animada, festa, farra, folia. *There's a lot of whoopee going on next door!* / Eles estão na maior folia na casa ao lado! **2** sexo, amor. *They're making whoopee in the car.* / Eles estão fazendo amor dentro do carro.

whopper *s* **1** algo excepcionalmente grande, baita. *He caught a whopper of a fish!* / Ele pegou um baita de um peixe! **2** mentira deslavada. *What a whopper!* / Que mentira deslavada! **3** *vulg* pedaço muito grande de cocô, troço enorme. *It took me ages to flush that whopper down the toilet.* / Eu levei um tempão tentando dar descarga naquele troço enorme na privada.

wicked / **wicky** *adj* ótimo, excelente, da hora, incrível, animal. *That's a wicked outfit you're wearing!* / Essa roupa que você está usando é animal.

wild *adj* **1** muito alegre, agitado, animado etc., da hora, incrível, animal. *We went to a wild party last night.* / A gente foi numa festa incrível ontem à noite. **2** entusiasmado, empolgado. *I'm not exactly wild about spending the weekend with my mother-in-law.* / Eu não estou exatamente empolgado em passar o fim de semana com a minha sogra.

willies *s* (com o artigo *the*) medo ou frio na barriga. *I always get the willies before a test.* / Eu sempre fico com frio na barriga antes de uma prova.

willy *s* (palavra geralmente usada por crianças) pênis, pinto, pipi. *Don't forget to wash your feet and your willy.* / Não se esqueça de lavar os pés e o pipi.

wimp *s* pessoa medrosa, mole, bunda-mole, bundão. *Just go and introduce yourself to her. Don't be such a wimp!* / Vai lá e se apresenta pra ela. Não seja bundão!

wimpy *adj* medroso, tímido, mole, bundão. *He's too wimpy to make the team!* / Ele é muito mole pra fazer parte do time!

windbag *s* pessoa que fala muito e sobre nada interessante, tagarela, matraqueiro. *The old windbag spent hours telling me all about her childhood!* / A velha matraqueira ficou horas me contando tudo sobre a infância dela!

windypops *s Brit* flatulência, gases. *That kind of food gives me the windypops.* / Esse tipo de comida me dá gases.

wing *v Brit* **1** improvisar. *I didn't have time to prepare for the presentation, so I guess I'll just have to wing it!* / Eu não tive tempo de me preparar para a apresentação, então, acho que vou ter que improvisar! **2** jogar fora. *You should wing these old shoes and buy a pair of new ones!* / Você deveria jogar fora estes sapatos velhos e comprar um par novo!

winks *s* sono, soneca, cochilo. *Why don't you catch some winks? You must be tired.* / Por que você não tira um cochilo? Você deve estar cansado.

wino *s* **1** alcoólatra, bêbado, bebum, pé de cana (termo geralmente usado para se referir a alcoólatras que moram na rua). *Best not to go there. The park is full of winos at night.* / É melhor não ir pra lá. O parque está cheio de bebuns à noite. **2** vinho. *A bit more wino?* / Um pouco mais de vinho?

wire *s* grampo telefônico. *They discovered a wire in his apartment.* / Eles descobriram um grampo telefônico no apartamento dele. • *v* instalar grampo telefônico, grampear. *Police wired the suspect's house.* / A polícia grampeou o telefone da casa do suspeito.

wired *adj* **1** agitado, frenético. *I'm too wired to sleep!* / Eu estou muito agitado para dormir! **2** empolgado, animado, entusiasmado. *The kids are wired about the trip to Disneyland.* / As crianças estão entusiasmadas com a viagem para a Disney. **3** chapado, doidão (drogas). *He came to class completely wired.* / Ele veio para a aula completamente doidão.

wise up *interj* cai na real, se liga. *Wise up, man! Can't you see she's lying?* / Se liga, cara! Você não vê que ela está mentindo?

wiseacre *s* pessoa que se acha esperta, sabe-tudo, sabichão, sabidão. *If you're such an expert, you fix it, wiseacre!* / Se você é um *expert*, conserta isso, seu sabidão!

wiseguy / **wise guy** *s* pessoa que se acha esperta, sabe-tudo, sabichão, sabidão. *Thanks for the advice, but I don't need some wise guy telling me what to do!* / Obrigado pelo conselho, mas eu não preciso de um sabichão me dizendo o que devo fazer!

wisenheimer *s* pessoa que se acha esperta, sabe-tudo, sabichão, sabidão. *I don't need your advice, wisenheimer!* / Eu não preciso dos seus conselhos, sabichão!

wishy-washy *adj* indeciso, inseguro, meia-boca. *The government's wishy-washy stand on inflation didn't work of course.* / A posição indecisa do governo sobre a inflação não deu resultado, obviamente.

wobbler *s Brit* ataque, chilique, piti. *She'll throw a wobbler if she finds out about this!* / Ela vai ter um chilique se souber disso!

wonga *s Brit* dinheiro, grana. *Her family has a lot of wonga.* / A família dela tem muita grana.

wonky *adj Brit* **1** desalinhado, torto. *That painting is hung a bit wonky, don't you think?* / Esse quadro está pendurado um pouco torto, você não acha? **2** instável, bamba. *My legs were a bit wonky after the run.* / As minhas pernas ficaram um pouco bambas depois da corrida.

woody *s* ereção, pau duro. *The guys get a woody every time she walks by.* / Os rapazes ficam de pau duro toda vez que ela passa.

woolly (derivação de *wollen jumper* ou *wollen cardigan*) *s Brit* casaco ou jaqueta de lã. *You'd better take your woolly. It's cold outside!* / É melhor você pegar o seu casaco. Está frio lá fora!

woozy *adj* tonto, desorientado, atordoado. *I feel a bit woozy. I'll have to sit down a minute.* / Eu estou me sentindo um pouco tonto. Preciso me sentar por um instante.

wop *s pej* italiano (pessoa). *Karen married some wop she met on holiday last year.* / A Karen se casou com um italiano que ela conheceu nas férias do ano passado.

word / word up *interj* **1** eu concordo, é isso aí, falou e disse. *'We need more beer here, guys!' 'Word up!'* / 'A gente precisa de mais cerveja aqui, galera!' 'Falou e disse!' **2** como vão as coisas, fala aí. *Word up, James! Everything cool?* / Fala aí, James! Tudo beleza?

workaholic *s* pessoa obcecada por trabalho, viciado em trabalho. *Jim is a complete workaholic. He never leaves the office before nine.* / O Jim é completamente viciado em trabalho. Ele não sai do escritório antes das nove.

working stiff *s* trabalhador comum, assalariado. *The latest tax law is good for the rich, but won't benefit the working stiff.* / A nova lei de impostos é boa para os ricos, mas não vai beneficiar o trabalhador comum.

works *s* (com o artigo *the*) **1** tudo, tudo a que se tem direito. *I'll have a hamburger with the works.* / Eu vou querer um hambúrguer com tudo a que tenho direito. **2** surra, porradas. *They were waiting outside the bar to give him the works.* / Eles estavam esperando do lado de fora do bar pra dar umas porradas nele.

wotcha / wotcher (derivação de *what are you up to?*) *interj Brit* como você está, fala aí, como vão as coisas. *Wotcher, Steve! Good to see you, mate!* / Como vão as coisas, Steve? Bom te ver, cara!

wow *v* impressionar, surpreender. *She wowed them with her presentation.* / Ela os surpreendeu com a apresentação. • *interj* nossa, meu Deus. *Wow! What happened to your nose?* / Nossa! O que aconteceu com o seu nariz?

wrinkly *s Brit* pessoa idosa, velhinho. *What's that old wrinkly doing?* / O que aquele velhinho está fazendo?

wrongo *adj* errado, enganado. *You're wrongo! The capital of Canada is Ottawa, not Toronto!* / Você está enganado! A capital do Canadá é Ottawa, não Toronto!

wuss *s* pessoa fraca, medrosa, delicada, mole. *Dave's too much of a wuss to play football.* / O Dave é muito mole pra jogar futebol.

wussy *adj* fraco, medroso, delicado, mole. *Don't be wussy. Go in there and demand a raise!* / Não seja mole. Entre lá e exija um aumento!

X

X-mas (derivação de *Christmas*) *s* Natal. *Merry X-mas!* / Feliz Natal!

X-rated *adj* pornográfico, pornô. *Didn't she star in an X-rated film?* / Não foi ela que estrelou um filme pornô?

XTC (derivação de *ecstasy*) *s* ecstasy. *She was busted with XTC at a rave party.* / Ela foi presa com ecstasy numa festa *rave*.

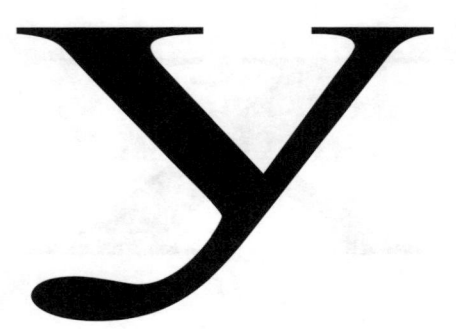

yabber *v* falar muito, tagarelar. *Would you quit yabbering? I'm trying to sleep!* / Dá pra vocês pararem de tagarelar? Eu estou tentando dormir!

yack / yack up *v* vomitar. *Bill just yacked in the car!* / O Bill vomitou no carro!

yack / yak *s* conversa informal, bate-papo. *Can you two continue your yack in the other room? I'm trying to watch TV!* / Dá pra vocês dois continuarem o bate-papo no outro quarto? Eu estou tentando ver TV! *v* **1** conversar informalmente, bater papo. *The girls are yacking in the kitchen.* / As garotas estão batendo papo na cozinha. **2** falar demais, falar sem parar. *Would you quit yacking? You've been going on for over an hour!* / Daria pra você parar de falar? Você está falando há mais de uma hora!

yada yada yada *s* termo usado para se referir a uma fala repetitiva e monótona, blablablá. *He told us to stop talking in class, pay attention and yada yada yada.* / Ele nos disse pra parar de conversar na aula, prestar atenção e blablablá.

yak / yak up V *yack / yack up*.

yall / y'all *pron Amer* (derivação de *you all*) vocês, vocês todos. *Y'all coming over tonight for dinner?* / Vocês vão vir ao jantar hoje à noite?

yank / yankee *s* norte-americano, americano (pessoa). *Cancun was overrun with yanks.* / Cancun estava lotada de americanos.

yank *s Brit vulg* masturbação, punheta. *He was having a yank in the school bathroom.* / Ele estava batendo punheta no banheiro da escola. • *v Brit vulg* masturbar-se, bater punheta. *You've got to stop yanking and find a girlfriend!* / Você precisa parar de bater punheta e arranjar uma namorada!

yap *s* **1** conversa informal ou insignificante, bate-papo. *We had a yap on the phone this morning.* / Nós tivemos um bate-papo no telefone hoje de manhã. **2** latido agudo de cachorro pequeno. *The dog let out a yap when I stepped* *on his tail.* / O cachorro soltou um latido agudo quando eu pisei no rabo dele. **3** boca. *Shut your yap!* / Cale a boca! • *v* **1** falar demais, falar sem parar. *Would you quit yapping? I can hardly think!* / Daria pra você parar de falar? Eu mal consigo pensar! **2** latir (cachorro pequeno). *The little dog next door yaps all day long. It's driving me nuts!* / O cachorrinho da casa ao lado late o dia todo. Isso está me deixando louco!

yawner *s* pessoa ou algo monótono ou chato, porre, tédio. *His class is a yawner!* / A aula dele é um tédio!

yeah / yep (derivação de *yes*) *interj* sim. *'Did you like the movie?' 'Yeah! It was OK.'* / 'Você gostou do filme?' 'Sim! Foi legal.'

yellowbelly / yellow-belly *s Amer* covarde, medroso, bundão. *Don't be such a yellow-belly! Go talk to her!* / Não seja bundão! Vai falar com ela!

Yerp (derivação de *Europe*) *s Amer* Europa. *She is going to study in Yerp for a year.* / Ela vai estudar na Europa por um ano.

yo *interj Amer* oi, e aí, fala aí. *Yo, Joe! What's up?* / E aí, Joe! O que tá pegando?

yob / yobbo *s Brit* arruaceiro, baguenceiro, maloqueiro (geralmente homem). *There are a bunch of yobs yelling in the street.* / Tem um monte de maloqueiros gritando na rua.

yonks *s Brit* muito tempo, um tempão, séculos. *I haven't seen Judy in yonks. How is she?* / Eu não vejo a Judy há um tempão. Como é que ela está?

you got beef *interj* você está procurando briga?, algum problema?. *'Hey, that's my girlfriend you're dancing with!' 'So what? You got beef?'* / Ei, você está dançando com a minha namorada!' 'E daí? Algum problema?'

yo-yo knickers *s Brit vulg* mulher promíscua, galinha, vagabunda, puta. *Who hasn't slept with that yo-yo knickers?* / Quem que ainda não dormiu com aquela galinha?

yuck *interj* que nojo. *Yuck! I just saw a cockroach!* / Que nojo! Eu vi uma barata!

yucky *adj* nojento, horrível. *The food at school is yucky.* / A comida da escola é horrível.

yummy *adj* delicioso, gostoso. *That chocolate cake looks yummy!* / Esse bolo de chocolate parece delicioso!

yup *interj* (derivação de *yes*) sim. *'John, can you hear me?' 'Yup! Loud and clear'* / 'John, você pode me ouvir?' 'Sim, em alto e bom som!'

yuppie (derivação de *young upwardly mobile urban professional person*) *s* pessoa jovem, urbana e bem-sucedida, yuppie. *My brother is one of those ambitious yuppies. All he thinks about is money.* / O meu irmão é um daqueles *yuppies* ambiciosos. Ele só pensa em dinheiro.

Z

zap *s* choque elétrico, choque. *Be careful! The fence will give you a little zap if you touch it.* / Cuidado! A cerca vai te dar um pequeno choque se você tocar nela. • *v* **1** eletrocutar, dar choque. *He got zapped changing the light bulb.* / Ele levou um choque trocando a lâmpada. **2** passar rapidamente os canais de TV com o controle remoto. *I just zapped through the channels, but there was nothing good on TV.* / Eu passei todos os canais, mas não tinha nada que prestasse na TV. **3** esquentar algo no micro-ondas. *Want me to zap your food?* / Quer que eu esquente a sua comida no micro-ondas?

zapper *s* controle remoto. *Can you pass the zapper, please?* / Você pode me passar o controle remoto, por favor?

zappy *adj* ativo, animado, cheio de energia. *I don't feel very zappy today. I didn't sleep enough last night.* / Eu não me sinto muito animado hoje. Eu não dormi o suficiente ontem à noite.

zeds / **Z's** *s* sono, soneca, cochilo. *I need to catch some zeds. I'm exhausted!* / Eu preciso tirar uma soneca. Eu estou exausto!

zeppelins *s Brit vulg* seios, peitos, melões. *Dude, check out those zeppelins on that girl!* / Cara, saca só os melões daquela garota!

zero *s* pessoa insignificante, zero à esquerda, joão-ninguém. *Don't take him seriously. The guy's just a zero.* / Não o leve a sério. O cara é um zero à esquerda.

zilch *s* nada, zero. *I've got zilch in the bank right now.* / Eu não tenho nada no banco neste momento.

zillion *s* quantidade incontável, milhão, zilhão. *I've got a zillion things to do today!* / Eu tenho um milhão de coisas pra fazer hoje!

zing *s* energia, dinamismo, vitalidade. *Nothing like an expresso to give you a bit of zing in the morning!* / Nada como um café expresso para dar um pouco de energia de manhã!

zip *s* **1** nada, zero. *You don't know zip about computers!* / Você não entende nada de computadores! **2** energia, vitalidade, vigor. *I'm going to bed. I'm all out of zip.* / Eu vou dormir. Estou totalmente sem energia.

zippy *adj* animado, ativo, cheio de energia. *You're looking pretty zippy today.* / Você parece bem animado hoje.

zit doctor *s* dermatologista. *You should see a zit doctor about your skin.* / Você deveria procurar um dermatologista para examinar a sua pele.

zit *s* acne, espinha. *I can't go to school with this enormous zit on my nose!* / Eu não posso ir pra escola com essa espinha enorme no meu nariz!

zonked / zonked out *adj* **1** bêbado, chapado, trincado. *He was so zonked he could barely stand on his feet.* / Ele estava tão chapado que mal conseguia parar em pé. **2** muito cansado, exausto, só o pó. *I was zonked out after that walk!* / Eu fiquei só o pó depois daquela caminhada!

zonkers *adj* louco, doido, maluco. *He's gone zonkers!* / Ele ficou doido!

zoo *s* lugar ou situação caótica, bagunça, zona. *You should have seen the traffic this morning. It was a complete zoo!* / Você deveria ter visto o trânsito hoje de manhã. Estava uma verdadeira zona!

Conheça algumas obras essenciais para aprimorar seus conhecimentos em inglês

MICHAELIS
DICIONÁRIO DE
PHRASAL VERBS
inglês – português

MAIS DE 1.800 PHRASAL VERBS!

MICHAELIS
DICIONÁRIO DE
ERROS COMUNS DO INGLÊS
para falantes de português

CORRIJA SEUS ERROS ANTES QUE SE TORNEM HÁBITOS!

MICHAELIS
DICIONÁRIO DE
EXPRESSÕES IDIOMÁTICAS
inglês – português

MAIS DE 2.700 EXPRESSÕES IDIOMÁTICAS EM INGLÊS!

Para saber mais sobre nossas obras, visite o site
www.livrariamelhoramentos.com.br